Agnes Schmidt

Auf zur Wahl, Bürgerin! Darmstadt und das Frauenwahlrecht

Unter Mitarbeit von Bettina Bergstedt

Luise Büchner-Gesellschaft e.V.

Darmstadt 2019

Impressum

Umschlagabbildungen:
Cover: Darmstadt – Postkarte von 1919
Rückseite: Modezeichnungen aus der Zeitschrift *Welt der Frau* v. 1924. Darmstadt Marktplatz – Postkarte um 1920
Lektorat: Bettina Bergstedt
Gestaltung und Layout: Micky Wiesner, Darmstadt
Druck und Bindung: Books on Demand GmbH, Norderstedt

ISBN 978-3-00-062767-5

Inhalt

8196.
WAHLRECHT
für
die
FRAUEN!

Grußworte

Sehr geehrte Damen und Herren,
liebe Bürgerinnen und Bürger,

vor hundert Jahren zogen die ersten Frauen in die Darmstädter Stadtverordnetenversammlung ein. Dieser Weg wurde geebnet durch jahrzehntelangen Kampf um die staatsbürgerliche Gleichstellung. Am 12. November 1918 wurde in Deutschland das Frauenwahlrecht gesetzlich verankert und trat am 30. November mit dem Reichswahlgesetz endgültig in Kraft – ein Meilenstein in der Geschichte der Frauenrechte mit Signalwirkung für damalige, heutige und kommende Frauengenerationen.

100 Jahre Frauenwahlrecht – dieses Jubiläum hat eine große Bedeutung nicht nur für die Gleichberechtigung von Frauen, sondern auch für unsere Demokratie. Geschlechtergerechte Teilhabe an Macht bietet faire und gleiche Möglichkeiten der gesellschaftlichen Integration und Wertschätzung. Teilhabe von Frauen an öffentlichen Entscheidungen trägt zu einer guten Risikoabwägung, einer zielgruppensensiblen Gestaltung von Entscheidungen und damit zu einer Erhöhung des Nutzwertes von Beschlüssen und Maßnahmen und einem effektiven Mitteleinsatz bei. Daher halte ich es auch für ein demokratisches Gebot, dass Männer Frauen auf dem Weg zur politischen Macht unterstützen. Es liegt zutiefst im gesellschaftlichen Interesse, dass Männer und Frauen nicht nur formell gleichberechtigt sind, sondern auch de facto gleichberechtigt über die Spielregeln mitentscheiden.

Die Erkämpfung des Frauenwahlrechtes gilt als Auftakt und Ursprung des Feminismus. Ohne diesen riesigen Schritt in Richtung Gleichberechtigung wären viele andere Fortschritte und Entwicklungen so nicht möglich gewesen oder erst viel später vollzogen worden, darunter die sexuelle Revolution oder das Aufweichen der Rollenzuweisung „Frau = Mutter“, verbunden mit dem Recht auf eine eigene Existenzsicherung. Denn erst seit 1977 durften Frauen ohne eine Einwilligung ihres Ehemannes arbeiten gehen.

Für uns ist es heute völlig normal, dass Frauen ebenso wie Männer wählen und sich wählen lassen. Dennoch kann dies nicht darüber hinweg täuschen, dass die real praktizierte politische Teilhabe von Frauen ausgebaut werden muss: Im Hessischen Landtag sind Frauen mit 33,6 Prozent vertreten, in unserer Darmstädter Stadtverordnetenversammlung mit 39,44 Prozent und im Bundestag leider nur mit 31 Prozent. Verantwortlich für die anhaltende Unterrepräsentanz von Frauen sind u.a. ihre im Vergleich zu Männern geringeren Aufstiegschancen in Parteien, z. B. bei der Vergabe von Wahllistenplätzen und Direktkandidaturen; dass Quotenregelungen paritätische Besetzungen schaffen, machen uns nur wenige Parteien vor. Verbindliche gesetzliche Vorgaben für Parteien könnten das ändern, wie uns . a. das Beispiel des französischen Parité-Gesetzes zeigt, auch in weiteren europäischen Ländern ist dies bereits gesetzliche Realität.

Neben vielen anderen Möglichkeiten der strukturellen Förderung benötigen kommende Politikerinnen jedoch vor allem auch gute weibliche Vorbilder.

Mit der vorliegenden Broschüre wird dieser Teil der – weiblichen – Stadtgeschichte aufgearbeitet und als gutes Vorbild sichtbar gemacht. Dafür danke ich den Autorinnen sehr herzlich und wünsche dieser Broschüre eine lange dauernde und breite, ermutigende Wirkung!

Ihr
Jochen Partsch
Oberbürgermeister der
Wissenschaftsstadt Darmstadt

Sehr geehrte Damen und Herren,
liebe Frauen und Männer,

Vor 100 Jahren haben Frauen das Wahlrecht hart erkämpft, ein Kampf, der sich lohnte. Aber das Wahlrecht für Frauen allein hat bisher leider noch nicht in ausreichendem Maße dazu geführt, dass Frauen gleichberechtigt in Parlamenten vertreten und insbesondere in höheren Ämtern anzutreffen sind. Immerhin dauerte es in Darmstadt nach 1919 noch weitere 75 Jahre, bis 1994 mit Daniela Wagner die erste Stadträtin in den Magistrat einzog. 2011 erhielt die Wissenschaftsstadt Darmstadt mit Doris Fröhlich die erste weibliche Stadtverordnetenvorsteherin.

Wir müssen immer weiter für geschlechtergerechte Teilhabe an Entscheidungsmacht und mehr Beteiligung von Frauen an politischer Macht werben und aktiv dafür eintreten. 2019 feiern wir 70 Jahre Grundgesetz. Wir haben es dem Engagement einer Frau, der Kasseler Juristin Elisabeth Selbert und dem „außerparlamentarischen Sturm“ der überparteilichen Frauenverbände zu verdanken, dass mit dem kleinen Satz „Männer und Frauen sind gleichberechtigt“ die volle Gleichberechtigung der Frauen auf allen Gebieten verfassungsrechtlich festgeschrieben wurde. Auch im gleichen Jahr 2019 feiern wir 25 Jahre Artikel 3, Absatz 2, der dem Staat die Aufgabe der tatsächlichen Durchsetzung der Gleichberechtigung von Männern und Frauen zuweist.

Parteien müssen diesen gesetzlichen Auftrag unseres Grundgesetzes ernst nehmen und junge Frauen dazu ermutigen und unterstützen, sich politisch einzumischen. Mit einer regelmäßigen öffentlichen Statistik zum Geschlechteranteil in unseren kommunalpolitischen Gremien unterstützen wir die Darmstädter Parteien in dieser gesetzlichen Verpflichtung. Gleichzeitig müssen wir auch daran arbeiten, die Bedingungen für Teilhabe von Frauen an der Politik zu verbessern. Beispielsweise ermöglichen Mentoringprogramme, flexiblere Organisation von Sitzungsterminen, gerechte Verteilung von Redezeiten sowie Maßnahmen zur Vereinbarkeit von politischem Mandat und Familie die politische Teilhabe und ermächtigen junge Frauen und Mädchen, ihren eigenen politischen Weg zu gehen.

Natürlich müssen sich alle Frauen weiterhin mit Selbstvertrauen und Selbstbewusstsein auch selbst für ihre Rechte einsetzen und Machtkämpfe ausfechten, genau so, wie die mutigen Frauen, die vor 100 Jahren nach jahrzehntelangem Kampf endlich das Frauenwahlrecht durchgefochten haben oder die „Mütter des Grundgesetzes" vor 70 Jahren. Diese Vorkämpferinnen zeigen uns an ihrem Beispiel, dass die eigenen Ansprüche formuliert werden können und dafür auch gegen Widerstände eingestanden werden muss. Sie zeigen uns, dass es möglich und notwendig ist, im öffentlichen Leben Verantwortung zu übernehmen und erfolgreich zu sein. Denn: Auch Frauenpolitik ist Machtpolitik!

Julia Korbik, die aktuelle Trägerin des Luise-Büchner-Preises, stellt fest: „Generell zeigt sich: Allgemeine Geschichte ist Männergeschichte – sie wird uns aber als die Geschichte aller Menschen verkauft." Ich bin daher den Autorinnen der vorliegenden Broschüre sehr dankbar, dass sie mit ihrer Arbeit den Mut und die Errungenschaften der ersten weiblichen Darmstädter Stadtverordneten gewürdigt und gesellschaftlich sichtbar gemacht haben. Sie haben damit gezeigt, dass Geschichte nicht nur von Männern gemacht wird. Sie haben diese Frauen wiederentdeckt, die nun als Vorbilder für eine neue Generation von Mädchen und Frauen in der Politik dienen können.

Ihre
Barbara Akdeniz,
Frauendezernentin der
Wissenschaftsstadt Darmstadt

Vorwort

Vor 100 Jahren, am 15. Juni 1919, fand in Darmstadt die erste Kommunalwahl mit Frauenbeteiligung statt. Dank des im November 1918 in Kraft getretenen neuen Wahlgesetzes konnten Frauen zum ersten Mal in der Geschichte der Stadt Darmstadt die Zusammensetzung der Stadtverordnetenversammlung mitbestimmen und selbst als Vertreterinnen ihrer Partei gewählt werden.

Bei dieser ersten demokratischen Wahl gelang es fünf Frauen, in das Darmstädter Stadtparlament, einzuziehen. Bis zum Ende der Weimarer Republik waren es insgesamt 16 weibliche Stadtverordnete, die ihr Mitspracherecht in der Stadtpolitik ausübten.

Die ersten Stadträtinnen in Darmstadt waren keine Revolutionärinnen. Sie gehörten zu den Bürgerinnen, die vor ihrem politischen Engagement in Frauen- und Bürgervereinen tätig waren und mehr oder weniger radikal für die Verbesserung der Lage von Mädchen und Frauen eintraten. Ihr Einfluss auf die Stadtpolitik war nicht sehr groß, da sie den altgedienten männlichen Kollegen gegenüber nur wenige Chancen hatten, sich durchzusetzen. Auch waren die Widerstände gegen Frauen als Politikerinnen in allen Parteien groß. Aber allein die Tatsache, dass sie es wagten, in eine traditionell männliche Domäne einzudringen und neben ihren vielseitigen Pflichten im Haus und Beruf in den zeitraubenden Stadtverordnetenversammlungen und Ausschüssen mitzuarbeiten, verdient unsere Anerkennung.

Da Protokolle über die Debatten in den Stadtverordnetenversammlungen zwischen 1919 und 1933 fehlen, wissen wir nur wenig über die Redebeiträge der ersten weiblichen Stadtverordneten. Dennoch haben wir anhand von Zeitungsberichten versucht, uns über ihre kommunalparlamentarische Tätigkeit in der schwierigen Zwischenkriegszeit ein Bild zu machen. Das Ergebnis dieser Spurensuche liegt in dieser Broschüre vor, die wir zum 100–jährigen Jubiläum der ersten Darmstädter Kommunalwahl mit Frauenbeteiligung erstellt haben.

Für die Unterstützung dieser Arbeit danke ich Barbara Akdeniz, Leiterin des Dezernats V. und Edda Fees, Leiterin des Frauenbüros. Auch danke ich Dr. Günther Bauer für seine unermüdliche Recherchearbeit in den Altbeständen des *Darmstädter Tagblatt*s. Für die Bereitstellung von unveröffentlichten Quellen danke ich Anke Leonhardt und Sabine Lemke vom Stadtarchiv Darmstadt und den Mitarbeiterinnen der Universitäts- und Landesbibliothek Darmstadt. Mein ganz herzlicher Dank geht an Bettina Bergstedt für ihre Ratschläge und Mitarbeit, sowie Micky Wiesner für ihre großartige Arbeit als Gestalterin.

Darmstadt, Juni 2019

Agnes Schmidt, Vorsitzende der Luise Büchner-Gesellschaft e.V., Darmstadt

Der (lange) Weg der Frauen zur staatsbürgerlichen Gleichberechtigung in Darmstadt

Der Kampf für die politische Gleichberechtigung der Frauen hat eine lange Geschichte – auch in Darmstadt. Bis in das 20. Jahrhundert hinein herrschte die Überzeugung in der Mehrheit der Bevölkerung, Frauen und Politik gehörten nicht zusammen. Das weibliche Geschlecht sollte sich aus politischen Diskussionen heraushalten und sich vor allem um das Wohlergehen der Familie kümmern. Deshalb ist es überraschend, dass ein liberaler Abgeordneter des von Großherzog Ludewig I. einberufenen Landtags bereits 1833 einen Antrag stellte, Damen bei öffentlichen Sitzungen als Zuhörerinnen zuzulassen. Nach längerer Debatte stimmte die Kammer dem Antrag sogar mehrheitlich zu. Der Abgeordnete Glaubrech begründete seine Zustimmung zu dem Antrag mit folgenden Worten:

> „Meine Herren, ich unterstütze den Antrag nicht deshalb, weil ich etwa glaube, es würde für die Kammer selbst von besonderem Interesse sein, wenn die Frauen durch ihre Gegenwart das Auditorium verschönerten, und nicht deshalb, weil ich etwa die Ansicht teile, es würde die Kammer mit größerem Fleiß, Eifer oder Scharfsinn die ihr gewordenen Aufgaben lösen, nein, ich unterstütze ihn aus dem Grunde, weil ich in der verlangten Maßregel einen Akt der Gerechtigkeit gegen das gesamte weibliche Geschlecht erblicke."[1]

Die großherzogliche Regierung war mit dieser Neuerung allerdings nicht einverstanden und lehnte den Antrag rigoros ab.

1 Zit. nach Adolf Müller: Aus Darmstadts Vergangenheit. Darmstadt 1930/Neudruck 1979, S. 166/167.

Verhindern konnte sie jedoch nicht, dass in den revolutionären Bewegungen des Vormärz auch Frauen teilnahmen, wie z. B. **Caroline Schulz** (1801–1847), eine wegen ihrer Klugheit von vielen Zeitgenossen bewunderte Darmstädterin, die 1834 ihren Mann Wilhelm aus dem Babenhausener Gefängnis befreite und seine Flucht in die Schweiz organisierte.[2] Politisch interessiert war ydie in Darmstadt geborene Schriftstellerin **Louise von Gall** (1815–1855). Sie nahm während ihrer Ungarnreise 1841 an den Sitzungen der Nationalversammlung in der späteren Hauptstadt Pest als Zuhörerin teil und berichtete über die Debatten in der Presse darüber.[3] Dort waren Frauen zu den Verhandlungen der Delegierten bereits in der Frühphase der demokratischen Bewegung zugelassen.

Hessischer Landtag auf dem Luisenplatz (heute steht dort das neue Gebäude der Sparkasse)

2 Wilhelm Schulz: Briefwechsel eines Staatsgefangenen und seiner Befreierin, Darmstadt 1846.
3 Louise von Gall: Drei Wochen in Ungarn im Herbst 1841. In: *Morgenblatt für gebildete Leser*, Stuttgart, 23.–27.8.1842.

Politische Rechte für Frauen und weitgehende Gleichstellung der Geschlechter in Ehe, Familie und Staat forderte die radikaldemokratische Schriftstellerin und Zeitungsherausgeberin **Louise Dittmar** (1807–1884), die über die Vertretung des Volkes und speziell des weiblichen Geschlechts in den Parlamenten 1849 Folgendes schrieb:

„Sie [die Frau] ist völlig rechtlos. Sie hat gar keinen unmittelbaren Einfluss auf die Gesetze. Die Gesetze können [jedoch] nur dann im Sinne derer abgefaßt sein, für die sie bestimmt sind, wenn diese sich selbst dabei beteiligen, wenn diese selbst oder deren Vertreter unmittelbar von ihnen gewählt und unbedingt in ihrem Sinne handeln, ihrem Willen entsprechen. Ist dies nicht [der Fall], dann ist der Vertreter Vormund und nicht Organ. [...] Der Wille der Wähler muss stets frei sein; wenn er sie nicht überzeugen kann, muss er dem weichen, in welchen jene ein höheres Vertrauen gesetzt haben. Aber dieser Grundsatz ist noch nicht einmal allgemein anerkannt; wie weit ist es noch, bis man dessen Anwendung auf das weibliche Geschlecht ausdehnt!“[4]

Louise Dittmar war tief enttäuscht, als 1848 nicht nur die konservativen Delegierten, sondern auch die Vertreter der linken Fraktion in der Frankfurter Nationalversammlung den Ausschluss der Frauen aus der Gestaltung eines demokratischen Staatswesens widerspruchslos hinnahmen.[5]

Ihre jüngere Schriftstellerinnenkollegin, **Luise Büchner** (1821–1877) kämpfte vor allem für die Verbesserung der

4 Louise Dittmar: Das Wesen der Ehe. Nebst einigen Aufsätze über die soziale Reform der Frauen heraus. Leipzig 1849, S. 15. Digitalisat: http://www.mdz-nbn-resolving.de/urn/resolver.pl?urn=urn:nbn:de:bvb:12-bsb10985771-5

5 Louise Dittmar (1807–1884): Un-erhörte Zeitzeugnisse. Ausgewählt und vorgestellt von Gabriele Käfer-Dittmar, Darmstadt 1992, (Darmstädter Schriften 61); Vgl. auch: Christine Nagel: In der Seele das Ringen nach Freiheit – Louise Dittmar. Emanzipation und Sittlichkeit im Vormärz und in der Revolution 1848/49. Königstein 2005.

Eröffnungssitzung der Deutsche Nationalversammlung in der Paulskirche am 18. Mai 1848

Mädchenbildung und Zulassung der Frauen zu qualifizierten Berufen. Sie plädierte für die Verlängerung des Schulbesuchs der Mädchen bis zum 18. Lebensjahr und die Aufnahme von naturwissenschaftlichem sowie handwerklichem Unterricht in den Lehrplan der Mädchenschulen. Mit solcher gründlichen Ausbildung sollten die Heranwachsenden für bezahlte Tätigkeiten vorbereitet werden. Das Thema Frauenwahlrecht stand noch nicht auf **Luise Büchners** Agenda. In dieser Frage verhielt sich die Darmstädter Frauenrechtlerin nicht viel anders als die Mehrheit ihrer „frauenbewegten" Zeitgenossinnen.[6]

Nichtsdestotrotz war **Luise Büchner** über die Diskussionen über das Frauenstimmrecht gut informiert. In der *Neuen Frankfurter Zeitung* rezensierte sie 1869 das Buch des englischen Philosophen und Staatsmanns John Stuart

6 Brigitta Bader-Zaar: Zur Geschichte des Frauenwahlrechts im langen 19. Jahrhundert. Eine international vergleichende Perspektive. In: *Ariadne*, Nr. 40/2001.

Mill, das kurz nach der Veröffentlichung in England auch in Deutschland mit dem Titel „Die Hörigkeit der Frau" erschienen war. Das Werk wurde von **Jenny Hirsch**, **Luise Büchners** Freundin und Mitstreiterin im Lette-Verband, übersetzt. **Luise Büchner** schreibt:

> „Eines der merkwürdigsten und lesenswertesten Bücher der jüngsten Zeit ist das Werk des bekannten englischen Philosophen Stuart Mill: On the subjection of woman. Der deutsche Titel hätte nicht besser gewählt werden können, denn er drückt vollständig das Verhältnis der Abhängigkeit und Unmündigkeit aus, in welchem sich das weibliche Geschlecht noch überall dem Gesetze gegenüber befindet. Aller Orten haben die feudalen Zustände des Mittelalters ihr Ende gefunden; der geringste Knecht ist heute bürgerlich frei, er kann Besitz erwerben und damit nach eigenem Gutdünken schalten und walten, er kann Bürgschaft leisten, kann Zeugnis vor Gericht ablegen, ist Herr seiner Kinder und folglich den allgemeinen Gesetzen seines Vaterlandes ebenso unterworfen wie der vornehmste Staatsbürger. Die Frau allein ist in dem Zustande der ‚Unfreiheit' verblieben und nimmt heute noch ganz dieselbe Stellung ein, wie sie unter der Feudalherrschaft die unfreien Leute eine hatten, die an die Scholle gefesselt, nur durch Willen und Befehl ihres Herrn dachten, atmeten und handelten."[7]

Mit Mills Forderung nach sofortiger Einführung des politischen Wahlrechts für Frauen war **Luise Büchner** allerdings nicht ganz einverstanden: „Sind diese Forderungen gesund,

7 Luise Büchner: Über die Hörigkeit der Frau, *Neue Frankfurter Zeitung* v. 13.11.1869.

können sie durchgeführt werden, so werden sie sich erfüllen quand même; jede Diskussion darüber erscheint uns, in Deutschland wenigstens, als sehr verfrüht“, bemerkte sie weiterhin zum Thema.

Die erste Partei in Deutschland, die die Einführung eines allgemeinen und gleichen Wahlrechts für Frauen und Männer forderte, war die Sozialdemokratische Partei. Auf dem Erfurter Kongress im Jahre 1891 stimmten die Delegierten mehrheitlich dafür, die Einführung des Frauenwahlrechts in das Parteiprogramm aufzunehmen. Viele der Genossen hielten allerdings in ihren Reden und Schriften an dem traditionellen Familienmodell weiterhin fest: An der Abhängigkeit der weiblichen Familienmitglieder vom Vater und Ehemann sollte auch in den Arbeiterfamilien nichts geändert werden.

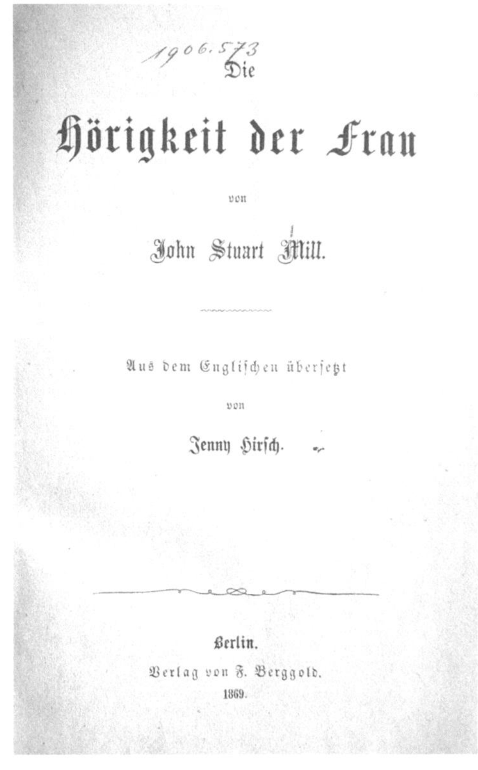

Die

Hörigkeit der Frau

von

John Stuart Mill.

Aus dem Englischen übersetzt

von

Jenny Hirsch.

Berlin.

Verlag von F. Berggold.

1869.

Treibende Kraft im Kampf für das Frauenstimmrecht waren die Frauen um **Clara Zetkin**, die dafür sorgten, dass das Thema Frauenwahlrecht bei Versammlungen der Partei auf der Tagesordnung blieb.[8]

8 Die Versammlungs- und Vereinsgesetze der meisten deutschen Länder verboten Frauen in eine Partei als Mitglieder einzutreten und an politischen Versammlungen teilzunehmen. Das Gesetz wurde in Preußen und auch im Großherzogtum Hessen erst 1908 abgeschafft.

Für Mitglieder anderer Parteien waren Frauen als Parlamentarierinnen überhaupt nicht vorstellbar. Davon zeugt ein Wortwechsel im hessischen Landtag im Jahre 1893 zwischen dem sozialdemokratischen Abgeordneten Carl Ulrich und einem Vertreter der Zentrumspartei. Auf die Frage Ulrichs, weshalb der Abgeordnete Franck „so besonders ängstlich bei dem Gedanken sei, es könnte vielleicht einmal eine Vertreterin des weiblichen Geschlechts hier unter uns sitzen", erhielt er die Antwort, das Frauenwahlrecht widerspräche der Natur.

„Dem Naturgesetz?" rief Ulrich dem Kollegen zu. „Ich weiß nicht, was Herr Franck darunter versteht. Ein Naturgesetz besteht nicht, das ist eine Erfindung von den Herren Männern, die glauben, sie haben das Recht über die Weiber zu herrschen."[9]

Noch um 1900 wurde die Forderung nach politischem Mitspracherecht übrigens auch innerhalb der Frauenbewegung kontrovers diskutiert. Strittig war vor allem die Frage, ob die Zulassung der Frauen zu den Kommunal- und Reichstagswahlen am Anfang oder am Ende des Forderungskatalogs für Gleichstellung der Geschlechter stehen sollte.

Die radikalen Feministinnen **Lina Gustava Heymann** und **Anita Augspurg** gründeten 1902 den ersten Deutschen Verein für Frauenstimmrecht in der freien Hansestadt Hamburg, wo das frauenfeindliche Vereinsgesetz bereits um 1900 liberalisiert wurde. In der Folge entstanden an vielen Orten Vereine, die sich die Einführung des Frauenwahlrechts zum Ziel setzten.

„Durch die deutsche Frauenwelt geht eine machtvolle Bewegung", schrieb das *Darmstädter Tagblatt* am 9.11.1907. „Immer

9 Zitiert nach dem Buch: „...wir sind noch nicht so weit" – Carl Ulrich, Vorkämpfer für soziale Demokratie im hessischen Landtag. Reden 1888–1919. Wiesbaden 2007 (Hessische Schriften zum Föderalismus und Landesparlamentarismus; Nr. 12), S. 118f. Carl Ulrich, erster Staatspräsident des republikanischen Volksstaats Hessen 1919–1928, versäumte allerdings bei der feierlichen Eröffnung des Landtags am 13. Februar 1919 die fünf weiblichen Abgeordneten zu begrüßen. Lediglich die Anreden „liebe Kolleginnen und Kollegen" zeigen, dass sich unter den 67 Abgeordneten jetzt auch Frauen befanden. Vgl. Ingrid Langer: Zwölf vergessene Frauen: Die weiblichen Abgeordneten im Parlament des Volkstaates Hessen. Ihre politische Arbeit – ihr Alltag – ihr Leben. Frankfurt am Main 1989, S. XV.

dringender wird die Forderung des Frauenstimmrechts. Durch dieses wollen die Frauen ihre Arbeiten, die sie in wirtschaftlicher, beruflicher und sozialer Hinsicht in reicher Fülle leisten, geschützt und gekräftigt sehen. Die Frauen wollen neben den Männern arbeiten, nicht mehr als bloße Gehilfinnen und Anregerinnen gelten, da die eigene Arbeit ein Andres, Wirksames für ihr Geschlecht zu Tage fördert als die bloß bedingte Mithilfe. Es wird nötig werden, sich mit diesen Forderungen allgemein zu beschäftigen und ihre Berechtigung ohne Vorurteil zu prüfen."

Zeitschrift für Frauen-Stimmrecht

Aufruf

Männer und Frauen Preußens!

allgemeine, gleiche, geheime und direkte Wahlrecht

allgemeinen, gleichen, geheimen und direkten Wahlrechts

allgemeine, gleiche, geheime und direkte Wahlrecht

Auf in den Kampf für das allgemeine, gleiche, geheime und direkte Wahlrecht.

Am Schluss des anonymen Artikels wurde ein Vortrag von „Frl." **Adelheid von Welczeck**, Vorstandsmitglied des Deutschen Verbandes für Frauenstimmrecht (Berlin) über „Die Frau als Staatsbürgerin" für den 15. November in Darmstadt angekündigt.

Als Resultat dieses Vortrags gründeten Frauen Anfang Dezember 1907 auch in Darmstadt eine Ortgruppe des Frauenstimmverbandes:

„Die hier kürzlich gegründete Ortsgruppe des Deutschen Verbandes für Frauenstimmrecht, hielt am Freitagabend im Kaisersaal ihre erste, zahlreich besuchte Mitgliederversammlung ab. Nach kurzer Begrüßung und Vorstandswahl entwickelte die Vorsitzende das Arbeitsprogramm. [...] Der Verein ist mit einer bestimmten politischen Partei nicht in Beziehung zu bringen, sondern er steht über allen Parteien und muss dies, wenn er seinem idealen Zwecke treu bleiben will, die Frauen zu den Persönlichkeiten heranzubilden, die das Wahlrecht, das ihnen vielleicht nach Generationen zuteilwerden wird, zum Wohle des Vaterlandes auszuüben verstehen."[10]

Der neue Verein sah die Förderung der politischen Bildung der Frauen als wichtigste Aufgabe an, um dem ständig wiederholten Vorwurf zu begegnen, Frauen hätten keine politische Reife. Leider fehlen Protokolle über die Sitzungen des Vereins. Auch sind die Namen der Mitglieder nicht bekannt. Die im Jahre 1909 veröffentlichte Statistik der Frauenorganisationen im Deutschen Reich gibt die Zahl der Mitglieder des Darmstädter Frauenstimmrechtsvereins mit 54 Frauen und 12 Männern an. Dem Vorstand gehörten vier Frauen und ein Mann an.[11] Vorsitzende des Vereins war **Anna Walz** (1863–1948), eine in vielen Darmstädter Frauenvereinen engagierte Frau. Sie gehörte zwischen 1929 und 1933 der Darmstädter Stadtverordnetenversammlung an.[12]

Der Darmstädter Frauenstimmverein lud zahlreiche Repräsentantinnen der Stimmrechtsbewegung ein. Am 4. April 1908 hielt „die bekannte Rednerin, Fräulein **Lyda Gustava Heymann**" vor einem großen Publikum einen Vortrag.[13] Auch die bekannteste „Führerin der deutschen Frauenbewegung", **Helene Lange**, hielt sich Ende 1907 in Darmstadt auf. Sie kam auf Einladung der Ortsgruppe des

10 *Darmstädter Tagblatt* v. 3.12.1907.

11 Statistik der Frauenorganisationen im Deutschen Reiche. Bearb. im Kaiserlichen Statistischen Amte, Abteilung für Arbeiterstatistik, Berlin. 1909 (ULB: Zb 629a).

12 Mehr zu ihrer Person siehe Kapitel „Biografien".

13 Ein ausführlicher Bericht über ihren Vortrag erschien im *Darmstädter Tagblatt* am 7.4.1908. Sie war am 19.10.1908 noch einmal in Darmstadt.

Allgemeinen Deutschen Frauenvereins, dessen Vorsitzende die spätere Landtagsabgeordnete und Darmstädter Stadtverordnete **Karoline Balser** war.

Helene Lange (1848 – 1930)

„Die geschätzte Dame [**Helene Lange**], eine der markantesten und sympathischsten Gestalten in der Frauenbewegung, hat sich hier schon früher einen großen Kreis von Freundinnen, Freunden und Anhängern erworben. So war auch am Samstag der große Saal des Saalbaues mit allen Nebenräumen dicht besetzt. Auch Ihre kgl. Hoh. die Großherzogin wohnte dem Vortrage bei", schrieb das *Darmstädter Tagblatt*.[14]

Und weitere prominente Rednerinnen folgten den Einladungen der Darmstädter Frauenvereine: Am 25. November 1913 sprach **Adele Schreiber**, Vizepräsidentin des Weltbundes für Frauenstimmrecht über Prostitution, im Januar 1914 **Marianne Weber**[15] über die Stellung der Frau im Altertum und am 4. Februar **Käthe Schirmacher** über „Kultur und Frauenbewegung".

Bedeutend für die Verstärkung der Kampagne für das Frauenwahlrecht wirkte der Aufruf der Sozialdemokratinnen zum jährlichen Internationalen Frauentag.[16] Auch in Darmstadt fand am 19. März 1911 im Gewerkschaftshaus in der Bismarckstraße eine gut besuchte Veranstaltung statt, an dem der Vorsitzende der SPD, Wilhelm Knoblauch, einen kämpferischen Vortrag hielt, in dem er die Frauen aufforderte, „um ihr heiligstes Recht, das freie Stimmrecht

14 *Darmstädter Tagblatt* v. 10.12.1907.

15 Marianne Weber war die erste Rednerin in der badischen verfassunggebenden Nationalversammlung in Karlsruhe am 15. Januar 1919.

16 Auf Vorschlag von Clara Zetkin wurde 1910 an der internationalen Konferenz der Sozialdemokratinnen in Kopenhagen die Einführung eines jährlichen Frauentages beschlossen, an dem ab 1911 in vielen Ländern für das Frauenwahlrecht demonstriert wurde.

zu kämpfen". Nach Schluss der Versammlung traten zahlreiche Frauen in die SPD ein.[17]

Die Artikel in der Lokalpresse über die Versammlungen des Darmstädter Vereins für Frauenstimmrecht waren in der Regel in sachlichem Ton verfasst, im Gegensatz zu den Berichten über die „wütenden Suffragettes" in London (*Darmstädter Tagblatt v.* 4.11.1910) oder die „wilden Damen in Lemberg" (*Darmstädter Tagblatt v.* 12.2.1910), die vermutlich Entsetzen und Ablehnung in der Leserschaft hervorriefen. Man kann nur ahnen, welcher Druck auf den Mitgliedern des Darmstädter Frauenstimmrechtsvereins und anderen Befürworterinnen des Frauenwahlrechts im hessischen „Pensionopolis"[18] bei ihrem Kampf lastete. Radikale Kämpferinnen für das Frauenstimmrecht wurden in der konservativen Presse ja nicht nur als Gefahr für die bürgerliche Ordnung dargestellt, sondern auch lächerlich gemacht.

Beliebt waren Artikel und Karikaturen über die verkehrten Rollen der Geschlechter in der Familie. In der Ausgabe des *Darmstädter Tagblatts* vom 20.2.1912 entwarf zum Beispiel der anonymer Autor ein Schreckensszenario über eine Familie, in der sich der Ehemann mit dem Haushalt und der Pflege der Kinder abplagt, während seine Frau mit dem „Wahlzettel in der Hose mit energischen und zielbewussten Schritten ins Wahllokal" eilt.

Ohne Kommentar druckte am 14.12.1912 das *Darmstädter Tagblatt* folgendes Spottgedicht:

17 *Hessischer Volksfreund* v. 20.3.1911.
18 So nannte Alexander Büchner, Luise Büchners jüngerer Bruder, die konservative Beamtenschaft karikierend, seine Heimatstadt Darmstadt, in seinen Lebenserinnerungen „Das tolle Jahr".

Frauenstimmrecht!

Das wär' im Leben hässlich eingerichtet,
Wenn deutsche Frauen wollten wählen geh'n;
O, armer Mann, wer flickt zeriss'ne Hosen?
Wer stopft der Strümpfe Voneinandergehen?
Am Herd ist's leer, der Kochtopf ist verlassen,
Es eilt zum Kampf die Gattin und zur Wahl,
Die Kinder schreien und der arme Gatte
spielt Frau in Haus und Hof zu seiner Qual!

Nur einmal, könnt Ihr es durchaus nicht lassen
Wählt in des Lebens Mai den rechten Mann;
Dann könnt ihr, Schwestern, es verstehen lernen,
Daß man als Weib nur einmal wählen kann.

POSTKARTE um 1915

Nach dem Ausbruch des Krieges im August 1914 forderten die Stadtoberen die weibliche Bevölkerung dazu auf, ihre ehrenamtlichen Tätigkeiten auszuweiten. Die Darmstädter Ortsgruppe des Allgemeinen Deutschen Frauenvereins unter der Führung ihrer Vorsitzenden **Karoline Balser** übernahm die Organisation einer umfangreichen „Frauenhilfe im Krieg“: Mitglieder der Frauenvereine zum Beispiel nähten Kleider für Familienangehörige von Soldaten, kochten für Arme und sammelten Spenden für Bedürftige. Der Alice-Verein für Krankenpflege organisierte die Pflege von Verwundeten in Krankenstationen und Lazarettzügen in und außerhalb von Darmstadt. Auch arbeiteten führende Mitglieder von Frauenverbänden in kriegsbedingten Kommissionen der Stadtverwaltung mit.

Obwohl an der patriotischen Gesinnung der Darmstädterinnen vermutlich kein Zweifel bestand, häuften sich in der Lokalpresse Klagen über Frauen, die „mit gefangenen Offizieren und Soldaten liebäugeln würden“. Die anonymen Artikelschreiber warnten die Frauen „vor dem deutschen Fehler, alles Ausländische zu bewundern und den Franzosen den Hof zu machen“.[19] In einem Artikel vom 12.4.1914 im *Darmstädter Tagblatt* wurde die weibliche Bevölkerung sogar aufgefordert, „deutsche

19 *Darmstädter Tagblatt* v. 12.8.1914.

Kleider zu tragen“ und nicht „in durchsichtigen Gewändern, Schlitzröcken, Florstrümpfen und weißen Stöckelschuhen zum Dienste der Krieger- und Krankenpflege zu erscheinen“. Solche und ähnliche Artikel sind typisch für die gesamte Kriegszeit.

Das „Frauenstimmrecht“ als Thema verschwand indessen fast vollständig aus der Öffentlichkeit. Erst im dritten Kriegsjahr verstärkte sich der Druck auf die Regierung in Berlin wieder, das Wahlrecht zu reformieren. Gegen die sogenannte kaiserliche „Osterbotschaft“ über den Entwurf eines neuen Wahlrechts protestierten führende Frauenrechtlerinnen, unter ihnen **Gertrud Bäumer**, **Helene Lange**, **Lida Gustava Heymann**, **Anita Augspurg** und **Marie Juchacz** in einem offenen Brief:

Marie Juchacz war später die erste Rednerin in der verfassunggebenden Nationalversammlung (19. Febr. 1919)

> „Jetzt ist die Stunde da, in der wir Frauen nach unseren Staatsbürgerrechten laut verlangen müssen. Sollen wir keinen Teil haben an dem was jetzt wird? Haben wir Frauen nicht auch im vollsten Maße unsere schweren Pflichten erfüllt? Es ist bitter, immer wieder von neuem aufzählen zu müssen, warum auch wir uns zur vollbewußten Teilnahme am Leben des Volkes berechtigt fühlen. Wir sind Staatsbürgerinnen und wollen als solche behandelt sein: Gebt uns Frauen daher das Wahlrecht!“[20]

20 Zitiert nach Jenny Jung: Die Frauenbewegung und der Erste Weltkrieg. In: Damenwahl! – 100 Jahre Frauenwahlrecht, Begleitbuch zur Ausstellung des Historischen Museums Frankfurt 2018, S. 119.

Auch die Sozialdemokraten im Landtag des Großherzogtums Hessen stellten im April 1917 einen Antrag für die „Einführung des allgemeinen, gleichen, geheimen und direkten Wahlrechts für den Landtag“ und für die „Gemeinde-, Kreis- und Provinzialvertretungen für alle großjährigen Hessen ohne Unterschied des Geschlechts“.[21] Nach einer längeren Debatte im Herbst wurde der Antrag an einen Sonderausschuss überwiesen. Zu einem Beschluss kam es allerdings vor dem Ende des Krieges nicht mehr.

In den letzten zwei Jahren des Krieges war das Hauptthema in der Presse jedoch nicht die Reformierung des Wahlrechts, sondern die fehlenden Arbeitskräfte. In Folge des langandauernden Krieges konnten viele Stellen in den Behörden und Unternehmen nicht mehr besetzt werden, da die erwerbstätigen Männer an die Front geschickt wurden. Die Verantwortlichen waren deshalb gezwungen, Frauen in Positionen einzustellen, die bis dahin von Männern ausgeübt wurden.

Welche Ängste z. B. das Erscheinen von Straßenbahnschaffnerinnen oder Wagenführerinnen in der Männerwelt auslösten, kann man in Artikeln der Lokalpresse nachlesen, die manchmal ironisch („Die Frau in der Dienstmütze“ im *Darmstädter Tagblatt* 11.1.1916), meistens jedoch mit warnendem Ton vor zu viel Selbständigkeit der Frauen verfasst sind.[22]

Dass Frauen nach dem Krieg ihren „angestammten“ Platz im Haus wieder einnehmen und nur „echt weibliche“

21 Verhandlungen des 36. Landtags des Großherzogtums Hessen, 36. Landtag (1914–1917), Drucksache Nr. 438.

22 “Es will uns scheinen als ob gerade durch den Krieg den Bestrebungen der Frauenrechtlerinnen erheblich Vorschub geleistet werde. Überall werden nunmehr Frauen zugelassen, wo sie vorher rücksichtslos ferngehalten worden sind. Selbst die bis anhin ausschließlich dem Manne vorbehaltenen Berufsarten werden von Frauen übernommen. Am Kassaschalter sitzt die Frau; sie ist Billeteuse im Tramwagen; selbst zur Wagenführerin hat sie es gebracht und in deutschen Großstädten thront sie auf dem hohen Bock der gelben Postwagen“. *Darmstädter Tagblatt* v. 3.10.1916.

Berufe ausüben sollten, hielten die meisten Politiker und Berichterstatter für selbstverständlich.

Und so kam es auch: Als die Waffen nach mehr als vier Jahren Gemetzel auf den Schlachtfeldern endlich schwiegen, wurden berufstätige Frauen von beinahe allen Politikern aufgefordert, ihre Arbeitsstellen den Kriegsheimkehrern zu überlassen.[23] Der öffentliche Druck auf berufstätige Frauen, ihren Arbeitsplatz freizugeben, setzte sich auch nach der Einführung des allgemeinen und passiven Wahlrechts für Frauen unvermindert fort und viele von ihnen gerieten dadurch bald in eine existentielle Notlage.

23 Z. B. in der *Darmstädter Zeitung* v. 2.12.1918: „Gewerbmäßige Frauen und Mädchen! Vier Jahre lang habt Ihr mit Eurer Arbeitskraft dem Vaterlande treu gedient. ...In diesen Tagen kommen die Truppen zurück, die Einstellung der Rüstungsbetriebe steht bevor. Erstes Gebot für die Heimat ist, Arbeit für die Heimkehrenden zu beschaffen. Deshalb fordert heute die Pflicht von jeder Frau – welchen Beruf sie auch haben mag –, ihren Platz den Heimkehrenden einzuräumen“.

Darmstädterinnen als Wählerinnen

Schon nach wenigen Tagen!

Eine Volksrepublik!
Gleiches Wahlrecht! Frauenwahlrecht!
Wahlrecht vom 20. Jahre an!

Alle Dynastien
und ihr Hof verschwunden!
Eine sozialistische Reichsregierung!

Arbeiter- und Soldatenräte überall!
Das privilegierte Herrenhaus beseitigt!
Das Dreiklassen-Abgeordnetenhaus aufgelöst!

Versammlungsfreiheit!
Koalitionsfreiheit! Preßfreiheit!
Freie Religionsübung!

Zerschmetterung des Militarismus!
Sofortige Entlassung aller alten Leute!
Erhöhung der Mannschaftslöhne!

Der Achtstundentag!
Gesindeordnung aufgehoben!
Arbeitgeber und Arbeiter gleichberechtigt!

So viel ist schon errungen –
Viel mehr muß noch erreicht werden!
Schließt die Reihen! Hütet euch vor Zersplitterung!

Einigkeit!

Infolge der Novemberrevolution 1918 verwandelte sich das Deutsche Reich von einer konstitutionellen Monarchie in eine parlamentarisch-demokratische Republik.

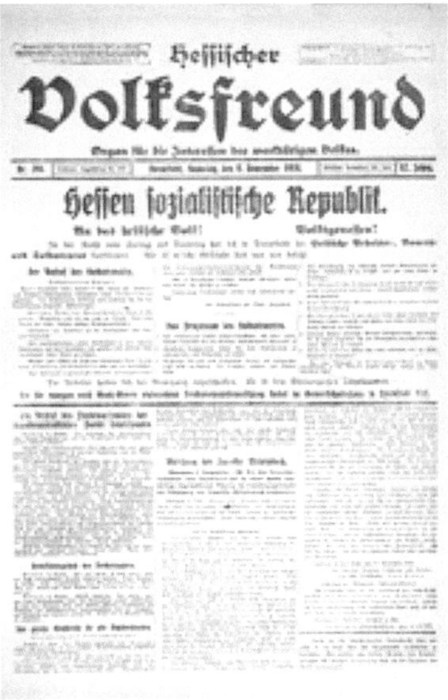
Hessischer
Volksfreund
Hessen sozialistische Republik.

Wie in anderen deutschen Ländern und Städten übernahm in Hessen bzw. Darmstadt ein Arbeiter- und Soldatenrat die Macht. Ihm gehörten selbstverständlich nur Männer, überwiegend Sozialdemokraten, an.

Am 9. November 1918 erschien die sozialdemokratische Tageszeitung *Hessischer Volksfreund* in Darmstadt mit der Überschrift „Hessen – sozialistische Republik" und verkündete, dass die Sozialdemokraten in der nächsten Sitzung des Reichstages den Antrag für die Einführung des allgemeinen und geheimen Wahlrechts einschließlich des Frauenwahlrechts in allen Bundesstaaten stellen werden.[24]

Am nächsten Tag, an einem Sonntag, „strömten in langen Zügen Arbeiter, Bürger und Frauen, untermischt mit Soldaten auf dem Marien- und Luisenplatz zusammen", um die Reden der hessischen Reichstagsabgeordneten Carl Ulrich und Ludwig Quessel zu hören.[25] In ihren Ansprachen teilten die beiden Politiker der Darmstädter Bevölkerung mit, dass mit der Absetzung des Großherzogs in Hessen die monarchistische Staatsordnung zu Ende ging, wobei man

24 Dem Antrag wurde von der provisorischen Regierung in Berlin nur drei Tage später, am 12. November, stattgegeben und der Rat der Volksbeauftragten verkündete, dass nun alle Wahlen zu öffentlichen Körperschaften „nach dem gleichen, geheimen, direkten, allgemeinen Wahlrecht für alle mindestens 20 Jahre alten männlichen und weiblichen Personen" zu vollziehen seien. Das neue Wahlgesetz trat am 30. November in Kraft.
25 *Hessischer Volksfreund* v. 11.11.1918.

hinzufügte, dass sich gegen den abgesetzten Großherzog „kein Zorn und Groll des Volkes richte, dass er als Bürger der Republik Hessen stets willkommen sei".[26]

Wie groß das Interesse der Darmstädterinnen an einer politischen Beteiligung im neuen Staat war, zeigen die zahlreichen Frauenversammlungen, die in den nächsten Tagen und Wochen stattfanden. Initiatorinnen dieser Versammlungen waren Frauen, die seit langem in Verbänden organisiert waren. Zu den wichtigsten Diskussionsthemen gehörten die Gründung eines Frauenrates und die Beteiligung der Frauen an den in Kürze stattfindenden Wahlen zur Nationalversammlung und zum hessischen Landtag.

Am 19. November fand eine Versammlung statt, die vom Verein für Frauenstimmrecht einberufen und „erfreulicherweise außerordentlich stark besucht" war. Der Berichterstatter des *Hessischen Volksfreund* spricht über eine „selbstbewusste Organisation" und lobt die Vorsitzende des Vereins, **Anna Walz**, die mit ihrer Versammlungsführung "als Erstlingsleistung durchaus [einen] anerkennenswerten Schritt politischer Frauenbestätigung" bewiesen habe. Trotz einer Mehrheit der anwesenden, in bürgerlichen Vereinen organisierten Frauen, wurden drei Sozialdemokratinnen von den sechs zu bestellenden Delegierten in den Arbeiter- und Soldatenrat gewählt (die Frauen **Lack**, **Stahl** und **May**). Die Wahl von drei weiteren Delegierten aus dem bürgerlichen Lager wurde auf einen späteren Zeitpunkt verschoben.[27]

26 Zitiert nach: Eckart G. Franz (Hrsg.): Darmstadts Geschichte. Darmstadt 1980, S. 422.
27 *Hessischer Volksfreund* v. 20.11.1918.

Viele Arbeiterfrauen waren allerdings mit der Versammlung und der Wahl der drei sozialdemokratischen Delegierten nicht einverstanden. Sie kritisierten vor allem das Zustandekommen der Zusammenkunft, da die Einladung nicht an alle Darmstädterinnen gerichtet war. Ihr Protest erschien mit folgendem Wortlaut:

> „Die Damen, die sich seit Jahren in einem Verein für das Stimmrecht der Frauen zusammengefunden haben, laden durch Postkarten eine Anzahl Frauen zu einer Versammlung ein, in der Vertreterinnen gewählt werden sollen. Hierzu wirft sich die Frage auf: Ist das der rechte Weg zum gleichen Recht der Frauen? Warum beruft man nicht eine große öffentliche Frauenversammlung ein, zu einer Zeit und Stunde, die allen Frauen, auch den Arbeiterfrauen, die Möglichkeit gibt zu erscheinen? Warum zieht man nur einen kleinen Kreis Außerwählter heran? Das ist der richtige Weg zum Frauenstimmrecht in einem Volksstaat nicht. Oder will man nur ein „Damenstimmrecht"? Fast scheint es so. Davon kann aber auch gar keine Rede sein. Die Arbeiterfrauen verlangen ihr Recht und lassen sich dasselbe nicht streitig machen; sie sind reif genug, ihre Vertreterinnen selbst zu wählen, und weisen jede Bevormundung, von welcher Seite sie auch kommen mag, mit aller Entschiedenheit zurück. Es muss eine allgemeine öffentliche Frauenversammlung stattfinden, und es ist die Pflicht aller Frauen, in dieser Versammlung zu erscheinen. Frauen des Arbeiterstandes, Ihr habt das Recht,

Donnerstag, den 28. November 1918,
abends 8 Uhr, im Kaisersaal (Grafenstraße)

Oeffentliche Frauen-Versammlung

Tagesordnung:
1. Die Aufgaben der Frau in der Revolutionszeit. 2. Wahl des Frauenrats.

Freie Diskussion.

Der Arbeiter-, Soldaten- u. Bauernrat Darmstadt.
Delp. Knoblauch. Stork. Seibert.

in wenigen Wochen, das erste Parlament seiner Art der Welt wählen zu helfen, beweist, dass Ihr dessen würdig seid!"[28]

Als Reaktion auf diesen Artikel lud der Arbeiter- und Soldatenrat per Anzeige alle Darmstädterinnen zu einer Frauenversammlung ein. Laut Presseberichten herrschte bei dieser in Kürze organisierten Veranstaltung ein richtiger Massenandrang. Der führende Sozialdemokrat Heinrich Delp hielt einen einstündigen Vortrag, in dem er über „die ganz hervorragenden, von hohem Pflichtgefühl getragenen Leistungen der Frauen" während der Kriegsjahre sprach. Nach dieser Lobeshymne rief jedoch auch er sämtliche Frauen auf, die während des Krieges „männliche" Arbeitsplätze besetzt hatten, ihre Arbeitsstellen den aus dem Krieg heimkehrenden Männern zu überlassen. Was das Frauenstimmrecht betraf, begrüßte er zwar, dass Frauen ab jetzt das politische Leben mitgestalten würden, warnte sie jedoch, „ihre gleich bedeutungsvollen Aufgaben in der Familie (Haushalt, Erziehung der Kinder, Stütze des Mannes) durch die politische Arbeit zu vernachlässigen."[29]

Wir haben keine Kenntnis darüber, wie die anwesenden Frauen auf diese Rede reagiert haben. Presseberichte über Proteste erwerbstätiger Frauen wegen des Verlusts ihrer Arbeitsplätze stammen erst aus späterer Zeit, als klar wurde, dass viele Witwen und alleinstehende Frauen ohne Arbeit und Einkommen bleiben würden. Ihre elenden Lebensver-

28 Ebenda v. 22.11.1918.
29 Ebenda v. 30.11.1918.

hältnisse beklagten später immer wieder die weiblichen Stadtverordneten.

In der oben beschriebenen Versammlung wurde auch bekannt gegeben, dass den Frauen wegen Platzmangels (!) nur fünf von 58 Sitzen im Arbeiter- und Soldatenrat zustehen werden. Demnach waren die Darmstädterinnen, die eine deutliche Mehrheit der Einwohnerschaft bildeten, in der provisorischen Stadtregierung nur von fünf weiblichen Delegierten (**Anna Rauck**, **Elise Lack**, **Frau Stahl**, **Karoline Balser** und **Frau Weidner**) vertreten.

Der Hessische Arbeiter- und Soldatenrat im Garten des Darmstädter Ständehauses. In der ersten Reihe, dritter von links sitzt, der spätere Darmstädter Bürgermeister Heinrich Delp

Nachdem jedoch deutlich wurde, dass die Stimmen der Frauen in Zukunft die Zusammensetzung der Parlamente entscheidend beeinflussen, wandten sich die Parteien mit Plakaten und ganzseitigen Anzeigen explizit an die weibliche Bevölkerung, ihre Stimme bei der Wahl zur Nationalversammlung und des Landtags zu ihren Gunsten abzugeben. Wie oberflächlich die Akzeptanz der meisten Männer war, Frauen als gleichberechtigte Staatsbürgerinnen anzuerkennen, zeigt eine Anzeige des Arbeiter-, Soldaten und Bauernrats, die mehrmals in der Lokalpresse erschien:

Aufruf.

Den Frauen zur Warnung!

In der letzten Zeit wird häufig die Beobachtung gemacht, daß sich Frauen und Mädchen noch in später Nachtstunde mit kriegsgefangenen Ausländern herumtreiben. Wenn auch in einer freien Republik der Persönlichkeit keine Schranken gesetzt werden, kann diese Freiheit doch nicht so weit gehen, offensichtliche Schamlosigkeiten zu dulden.

Der Arbeiter-, Bauern- und Soldatenrat sieht sich deshalb veranlaßt, folgendes zu verordnen:

„Jede Frauensperson, die von heute ab abends nach 9 Uhr noch in Gesellschaft von kriegsgefangenen Ausländern festgestellt wird, wird von unseren Patrouillen sistiert.

Nach Feststellung ihrer Persönlichkeiten werden die Namen demnächst in der hiesigen Tagespresse öffentlich bekanntgegeben."

Wir erwarten von den hessischen Frauen, daß sie sich ihrer Würde bewußt sind und ein Einschreiten in diesem Sinne sich erübrigt. 4037

Hessischer Arbeiter-, Bauern- und Soldatenrat.
Knoblauch. Delp. [illegible]

„Den Frauen zur Warnung! In der letzten Zeit wird häufig die Beobachtung gemacht, dass sich Frauen und Mädchen noch in später Nachtstunde mit kriegsgefangenen Ausländern herumtreiben. Wenn auch in einer freien Republik der Persönlichkeit keine Schranken gesetzt werden, kann diese Freiheit doch nicht so weit gehen, offensichtliche Schamlosigkeit zu dulden. Der Arbeiter-, Bauern- und Soldatenrat sieht sich deshalb veranlasst folgendes zu verordnen: Jede Frauenperson, die von heute an abends nach 9 Uhr in Gesellschaft von kriegsgefangenen Ausländern festgestellt wird, wird von unseren Patrouillen sistiert. Nach Feststellung ihrer Personalien werden ihre Namen demnächst in der hiesigen Tagespresse öffentlich bekannt gegeben. Wir erwarten von den hessischen Frauen, dass sie sich ihrer Würde bewusst sind und ein Einschreiten in diesem Sinne sich erübrigt."[30]

Die Bestrafung bei Zuwiderhandlung dieser Anordnung lässt uns an frühere Zeiten denken, als vor allem Frauen wegen

30 *Hessischer Volksfreund* v. 25.11.1918.

Verstoßes gegen von Männern gemachten Vorschriften öffentlich an den Pranger gestellt wurden.

Beispiele für männliche Arroganz über das Wahlverhalten von Frauen findet man übrigens zuhauf in der Darmstädter Presse: In einem Artikel mit der Überschrift „Die Frauen und ihr neues Recht“ im *Darmstädter Tagblatt* vom 14. Dezember 1918 schrieb der anonyme Autor Folgendes:

Frauen Darmstadts!

Jede Frau hat die Pflicht zu wählen!

Ihr könnt nur wählen,
wenn ihr genügend aufgeklärt seid.

Um Eure Kenntnisse zu erweitern,
kommt zu unsern Kursen u. Vorträgen.

I. Vortrag.

Freitag den 20. Dezember, abends 8 Uhr,
in der TURNHALLE (Woogsplatz)

Vortrag von Herrn Seminaroberlehrer Bäuerle, Stuttgart

Frauenwahlrecht u. Volksbildung

Eintritt frei!

Ausschuss für politische Schulung

Die bürgerlichen Frauen würden „im Gegensatz zu den Arbeiterinnen in ihrer größten Mehrzahl unvorbereitet vor Pflichten stehen, deren Tragweite ihr ungeschultes Urteil kaum zu übersehen vermag. [...] Als ABC-Schützen beginnen sie jetzt erst in dem großen Buche der Politik zu blättern, in dem die einfachen Frauen zu lesen längst gelernt haben“. Allerdings sei es „zu ihrer Ehre gesagt“, so der Autor weiter, „sie sind eifrige, lernbegierige Schülerinnen und sie drängen danach, die Wege gewiesen zu werden.“ Dieser, in schulmeisterlichem Ton geschriebene Artikel ist die Herabwürdigung von allen Frauen par excellence, vor allem von jenen, die seit Jahrzehnten in Frauenvereinen organisiert waren. Auch scheint der Autor des Zeitungsartikels Namen und Tätigkeiten von **Luise Büchner** und ihren Mitstreiterinnen nicht zu kennen. Im zähen Kampf erreichten diese bereits vor der Jahrhundertwende die Zulassung der Mädchen zu höheren Bildungsanstalten und zu qualifizierten Berufen. Nach dieser Vorarbeit war die Einführung des Frauenwahlrechts mehr als überfällig, zumal vor dem Hintergrund, dass von Männern nie irgendwelche Schulungen zur politischen Partizipation verlangt wurden!

Nichtdestotrotz setzten die Darmstädter Frauenvereine ihr Bildungsangebot an Frauen fort. So wurde zum Beispiel am 7. Dezember im Kaisersaal „eine kulturpolitische Vortragsreihe" mit namhaften Vortragsrednerinnen und Rednern gestartet. Auch lud der Verband Darmstädter Frauenvereine immer wieder zu Vorträgen über das neue Wahlgesetz ein. **Karoline Balser**, die spätere Landtagsabgeordnete und Darmstädter Stadtverordnete, hielt zahlreiche Vorträge über die Bedeutung der Parteien für die parlamentarische Demokratie, und die umtriebige **Anna Walz** („Fräulein Walz"), Gründerin mehrerer Frauenvereine in Darmstadt, rief die zukünftigen Parlamentarierinnen auf, nicht nur für die Rechte der gebildeten Frauen, sondern „auch für die der Frau aus dem Volke" einzutreten.[31]

Am 11. Dezember 1918 hielt **Henriette Führt**,[32] eine der führenden Sozialdemokratinnen aus Frankfurt, einen Vortrag über die Bedeutung des Frauenwahlrechts. Sie sprach über die Unmündigkeit der Frau in der bisherigen bürgerlichen Gesetzgebung und die doppelte Moral, „die bisher dem Manne alles Recht zugestand, wogegen sie für die Frau Ausnahmegesetze über Ausnahmegesetze schuf". In ihrer Rede schilderte sie u. a. die Armut kinderreicher Familien und das Unrecht gegenüber unehelichen Kindern:

31 *Darmstädter Tagblatt* v. 21.12.1918.
32 Henriette Fürth (1861–1938), 1919–1924 SPD-Stadtverordnete in Frankfurt am Main. Nach ihrer Heirat mit dem Darmstädter Lederhändler Wilhelm Fürth wohnte sie von 1880 bis 1885 in Darmstadt.

„Die Frauen sollten es sich in Zukunft nicht gefallen lassen, dass ihnen von gewisser Seite zugemutet werde, dem Staat mehr Kinder zu geben“, sagte sie mit Blick auf das Abtreibungsverbot und die hohe Säuglings- und Kindersterblichkeit. Sie forderte die zukünftigen Parlamentarierinnen auf, sich dafür einzusetzen, Kindern ein menschenwürdiges Dasein zu sichern, „damit in Zukunft nicht die Hälfte der Geborenen die Friedhöfe bevölkern“.[33]

Diese und ähnliche Aufgaben warteten auf die ersten Frauen, die 1919 in die Parlamente einzogen.

Oeffentliche

Frauen-Versammlung.

Mittwoch, den 11. Dezember 1918, abends 8 Uhr, im „Mathildenhöhsaale“, Dieburgerstraße 26

Tages-Ordnung:

National-Versammlung und Frauenwahlrecht.

Referentin: Frau Henriette Fürth aus Frankfurt a M..

Hierzu ladet alle Frauen und Mädchen Darmstadts zu zahlreichem Besuche höflichst ein 4402

Der Vorstand der sozialdem. Partei Darmstadt.

I. A.: **Heinrich Delp.**

33 *Hessischer Volksfreund* v. 12.12.1918.

Das Wahljahr 1919

Die Wahl zur verfassungsgebenden Deutschen Nationalversammlung fand am 19. Januar 1919 statt. Sie war die erste Wahl in Deutschland, an der Frauen als Wählerinnen und Kandidatinnen zugelassen wurden. Nur eine Woche später, am 26. Januar, wählten alle Hessinnen und Hessen, deren Alter das 20. Lebensjahr überschritten hatte, den Landtag der aus dem Großherzogtum hervorgegangenen Hessischen Republik, die mit der Verabschiedung der neuen Verfassung am 12.12.1919 unter dem Namen „Volksstaat Hessen“ in die Geschichte eingegangen ist.

Die Darmstädterinnen konnten bei den ersten Wahlen mit Frauenbeteiligung zwischen fünf Parteien entscheiden: Deutsche Demokratische Partei (DDP), Deutsche Volkspartei (DVP), Deutschnationale Volkspartei (DNVP), Sozialdemokratische Partei (SPD), Unabhängige Sozialdemokratische Partei (USPD) und Zentrumspartei (Z) (siehe Anlage 2).

Frauen Hessens! Das sind rechte Frauenwünsche, wollt ihr sie in der neuen Verfassung verwirklichen, so schliesst Euch der deutschen demokratischen Partei an. Seid Euch bewusst, dass Ihr die Mehrzahl der Wähler bildet, dass also Eure Stimmen massgebend für die Lebensgrundlage des neuen Deutschlands sein werden. Wollt Ihr das Frieden-erhaltende, pflegende, mütterliche Element in der neuen Verfassung zum Ausdruck bringen, so darf keine Schwesterstimme, keine Mutterstimme fehlen, da es gilt, den deutschen Kindern ein Reich des Friedens, der Gerechtigkeit und der Menschenliebe zu bereiten!

Der Frauen-Ausschuß

der Demokratischen Partei Hessens

(Landes Verband der Deutschen Demokratischen Partei.)

Frau Karoline Balser, Darmstadt,
Frau Alice Dullo, Offenbach,
Frau Clara Grein, Offenbach,
Frau Emma Naegeli, Mainz,
Frl. Math. Tafel, Bensheim,
Frl. Thekla Vogt, Gießen,
Frau Lina Buckfath, Mainz,
Frau Dürkes-Wiesbecher, Worms,
Frau Adelheid Landmann, Darmstadt,
Frau Liese Ramspeck, Darmstadt,
Frau Hedwig Tietze, Darmstadt,
Frl. Anna Walz, Darmstadt,
Frl. Mina Weitzel, Darmstadt.

Anmeldungen zur Mitgliedschaft nehmen entgegen die Landes-Geschäftsstelle, Darmstadt, Waldstraße 45, Telefon 2892 und die örtlichen Vertrauens-Personen.

Die Wahlwerbung für die einzelnen Parteien entzweite in Darmstadt bald die bis dahin mehr oder weniger einheitliche bürgerliche Frauenbewegung. Als **Lisa Ramspeck**, Mitglied des Frauenausschusses der DDP, in einem „Offenen Brief an die gebildeten Frauen“ für die Wahl der Demokratischen Partei mit dem Argument warb, dass fast alle berühmten Führerinnen der Frauenbewegung Mitglieder dieser Partei seien, brach eine heftige Diskussion über das parteipolitische Engagement der Frauen aus.[34] In ihrer Antwort wies eine gewisse **Hedwig Marx**, Mitglied der Deutschen Volkspartei, das Argument zurück, eine Partei nur deshalb zu wählen, weil die auch von ihr verehrten Führerinnen der Frauenbewegung dort Mitglieder seien:

> „Die wahrhaft gebildete Frau wird nicht deshalb einer Partei angehören, weil das stärkere Haus des Weges zieht und einige Sterne erster Größe darüber leuchten. Sondern sie wird die Sache prüfen und sich dann nach bestem Wissen und Gewissen selbständig entscheiden. So handelt sie auch im Sinne dankbar verehrter Führerinnen, selbst, wenn sie zu ihrem Bedauern deren Meinung bekämpfen muss. Innerhalb der fortschrittlichen Frauenbewegung aber vermeide man alles, was das bittere Gefühl aufkommen lässt, dass die Minderzähligen auch als Minderwertige betrachtet werden."

Die Wahlbeteiligung zur verfassunggebenden Nationalversammlung war mit mehr als 80 Prozent hoch und es gab kaum Unterschied zwischen der Wahlbeteiligung von Frauen und Männern.[35] Zur stärksten Partei wurde sowohl in der Nationalversammlung als auch in der Hessischen Volkskammer die Sozialdemokratische Partei, die in Darmstadt zusammen mit der USPD jeweils um die 40 Prozent der gültigen Stimmen erhielt.[36]

34 Die Debatte wurde im *Darmstädter Tagblatt* v. 15. bis 19.1.1919 veröffentlicht.
35 Joachim Hofmann-Göttig: Emanzipation mit dem Stimmzettel: 70 Jahre Frauenwahlrecht in Deutschland. Bonn 1986, S. 27.
36 Darmstadts Geschichte. Hrsg. von Eckhardt G. Franz, Darmstadt 1980, S. 426ff.

An der konstituierenden Sitzung des Hessischen Landtags am 13. Februar im Ständehaus auf dem Luisenplatz von Darmstadt saßen zum ersten Mal in der Geschichte Hessens fünf Frauen unter den 70 Abgeordneten: **Karoline Balser** (DDP), **Else Bierau** (DVP), **Elisabeth Hattemer** (Z), **Anna Rauck** und **Margarethe Steinhäuser** (SPD). Unter diesen fünf Frauen war **Karoline Balser** die einzige, die auch für das Darmstädter Stadtparlament kandidierte.[37]

Portraits der ersten hessischen Landtagsabgeordneten aus Darmstadt: Karoline (Lina) Balser, Elisabeth (Else) Hattemer, Anna Rauck, Else Bierau

37 Leben und politische Tätigkeit der ersten weiblichen Landtagsabgeordneten in Hessen sind ausführlich dargestellt in: Ingrid Langer: Zwölf vergessene Frauen. Die weiblichen Abgeordneten im Parlament des Volksstaates Hessen. Ihre politische Arbeit – ihr Alltag – ihr Leben. Frankfurt am Main 1989. Vgl. auch: Birte Förster: Die ersten Politikerinnen im Volksstaat Hessen. In: Begleitbuch zur Ausstellung Damenwahl! 100 Jahre Frauenwahlrecht. Hrsg. v. Dorothee Linnemann. Frankfurt 1918/19, S. 196–199.

Die ersten weiblichen Stadtverordneten in Darmstadt 1919—1933

Marktplatz mit Rathaus um 1900 (Postkarte)

Die erste Darmstädter Kommunalwahl mit Beteiligung von Frauen fand am **15. Juni** 1919 statt. Aufgrund der neuen Städteordnung wurde die Mitgliederzahl der Stadtverordnetenversammlung von 58 auf 60 erhöht. Bei 75 Prozent Wahlbeteiligung errang die Deutsche Volkspartei (DVP) die meisten Mandate (17) im Stadtparlament. Die Sozialdemokraten (SPD) bekamen 16, die Demokraten (DDP) 11, die Unabhängigen Sozialdemokraten (USPD) 5, das Zentrum (Z) 4 und die Hessische Volkspartei (HVP) 3 Sitze. Auf den vorderen Listenplätzen der ins Stadtparlament gewählten Parteien waren nur wenige Frauen (siehe Anlage). Den besten Platz mit der Nummer 2 auf der KandidatInnenliste einer Partei hatte **Karoline Balser**, die zu den bekanntesten Frauen von Darmstadt gehörte. Sie war Vorsitzende mehrerer Frauenverbände, Vertreterin der hessischen Frauen auf überregionalen Frauenkongressen und, wie bereits mehrmals erwähnt, saß sie seit Januar 1919 als Abgeordnete der Demokratischen Partei im Hessischen Landtag.

An der konstituierenden Sitzung der Stadtverordnetenversammlung am 21. Juni nahmen insgesamt fünf Frauen neben den 55 Männern im Sitzungssaal des Alten Rathauses am Marktplatz Platz: **Minna Brückner** und **Luise Schweisgut** (DVP), **Elisabeth Kern** und **Elisa Lack** (SPD) und **Karoline Balser** (DDP). Die Kandidatin der Unabhängigen Sozialdemokratischen Partei, **Margarete Nagel**, verpasste nur knapp den Einzug in das Stadtparlament, ebenso **Else Morell**, die auf Listenplatz 4 der Hessischen Volkspartei kandidierte. 1920 erhöhte sich die Zahl der Stadträtinnen in der ersten Legislaturperiode auf sechs, da die Kandidatin der Zentrumspartei, die Stiftsdame **Emma von Biegeleben**, als Nachrückerin in das Stadtparlament gewählt wurde.

Nach den Berichten in der Lokalpresse waren auf der konstituierenden Stadtverordnetenversammlung (StaVo) „die 60 Stadtväter und Stadtmütter fast vollzählig versammelt, darunter etwa zwei Drittel neue Gesichter. Das Interesse der Darmstädter Bevölkerung war groß und der Zuschauerraum auf der Galerie überfüllt".

Der alte und neue Oberbürgermeister Wilhelm Glässing eröffnete die Sitzung mit folgenden Worten: „Es liegt mir zunächst ob, die Stadtverordnetenversammlung in ihrer neuen Zusammensetzung zu begrüßen und insbesondere die neugewählten Mitglieder zu gemeinsamer Arbeit im Dienste unserer Stadt willkommen zu heißen."[38]

Die fünf Frauen unter den 60 Stadtverordneten wurden weder von ihm noch von einem anderen Würdenträger der Stadt besonders begrüßt. Auch die Berichte in der Lokalpresse über diese und die nachfolgenden Stadtverordnetenversammlungen spiegeln kaum die Tatsache wider, dass ab jetzt nun auch Frauen die Geschicke der Stadt mitbestimmten.

Da weder Beschreibungen noch Bilder über die Sitzordnung in den Stadtverordnetenversammlungen existieren, bleibt offen, wo die Stadträtinnen im Sitzungssaal Platz nahmen. Dass man dort 1919 jedoch nicht mit der Anwesenheit von Frauen gerechnet hatte, ist auf einer Skizze zu erkennen: Im Vorraum existiert nur ein einziger Waschraum, ein sogenanntes Pissoir, die damals gebräuchliche

38 *Darmstädter Täglicher Anzeige* v. 23.6.1919.

Bezeichnung für Männertoiletten. Erst nach dem Umbau des Rathauses in den Jahren 1926 und 1927 verfügte das zweite Obergeschoss auch über eine Damentoilette.[39] In den Presseberichten über die Stadtverordnetenversamm-

– RATHAUS DARMSTADT –

– VOR DEM UMBAU 1926/27 –

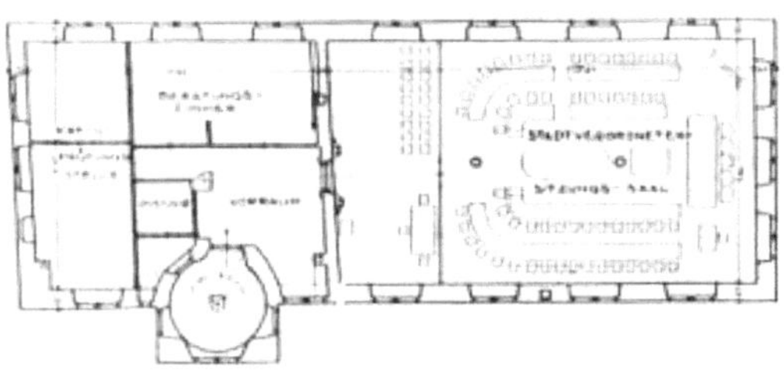

– ALTES II. OBERGESCHOSS –

– RATHAUS DARMSTADT –

– NACH DEM UMBAU 1926/27 –

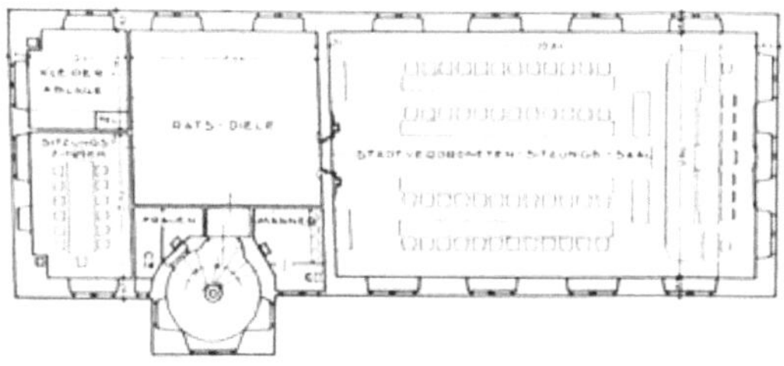

– NEUES II. OBERGESCHOSS –

39 Das Darmstädter Rathaus. Hrsg. von der Stadt Darmstadt nach dem Umbau 1926/27. Darmstadt 1927, S. 57f.

lungen wurden in der Regel die Redebeiträge von altgedienten Stadtverordneten herausgehoben, die ihre Mandate bereits seit Jahren, wenn nicht seit Jahrzehnten inne hatten. Wie schwierig es war, sich gegen die männliche Übermacht und gegen althergebrachte Vorurteile im Stadtparlament durchzusetzen, zeigt die Notiz eines Berichterstatters der sozialdemokratischen Tageszeitung *Hessischer Volksfreund* am 10. Oktober 1919, der die Wortmeldung der Stadtverordneten **Luise Schweisgut** von der Deutschen Volkspartei in der Debatte über die Lebensmittelversorgung in der Stadt folgendermaßen kommentierte:

> „Die Stadtverordnete Frl. Schweisgut entpuppt sich als Mädchen vom Lande; sie versteht etwas von Hühner- und Viehzucht, verteidigt die Bauern und die säumigen Auslieferer sowie das hessische Rindvieh und erntet mit ihrer Behauptung, dass es den Bauern am guten Willen nicht fehle, eben auch gar keinen Beifall, sondern lebhaften Widerspruch."

In den Debatten der im 14 tägigen Turnus stattfindenden Versammlungen des Stadtparlaments beteiligten sich die weiblichen Abgeordneten vor allem dann, wenn die Diskussionen um soziale Fragen gingen wie z. B. um die Kinder- und Jugendfürsorge und um Lebensmittelpreise. So plädierte **Karoline Balser** (DDP) dafür, neben den Beamten und Verwaltungsangestellten auch Witwen und alleinstehenden Frauen Preisnachlässe bei wichtigen Lebensmitteln durch die Stadt zu gewähren.

Die Sozialdemokratin **Elise Lack** beklagte die schwierige Lage der Arbeiterinnen und forderte die Regulierung der Brot- und Milchpreise. Einig waren sich die drei Stadträtinnen der bürgerlichen Parteien darin, dass die Kinderhorte der Frauenvereine Zuschüsse bekommen sollen, während die Sozialdemokratinnen wie ihre männlichen Parteigenossen, die private Trägerschaft von Horten und Schulen ganz abschaffen wollten.

Manchmal wandten sich Stadträtinnen auch gegen ihren eigenen Parteigenossen. So z.B. die Sozialdemokratin **Elisabeth Kern**, die in der Debatte auf der StaVo am 19.8.1920 den Antrag der Alice-Eleonoren-Schule auf einen städtischen Zuschuss unterstützte und damit eine andere Meinung vertrat als ihr Parteigenosse Aßmuth, der mit dem Argument, die AES sei eine Privatschule, den Antrag ablehnte. **Elisabet Kern** wies in ihrer Rede darauf hin, dass „die Schule den weiblichen Bedürfnissen diene" und deshalb ihre Arbeit durch die Stadt unterstützt werden sollte.

Bei der Zusammensetzung der Ausschüsse wurden die weiblichen Stadtverordneten und sachkundige Bürgerinnen vorerst nicht berücksichtig. Eine Ausnahme war der Wohlfahrtausschuss, in den neben zehn männlichen Mitgliedern bereits in der ersten Wahlperiode auch vier Frauen aus der

Bevölkerung als Expertinnen einberufen wurden, darunter die bekannte Ärztin „Frl. **Dr. Schmidt**" und die Vorsitzende der Darmstädter Frauenverbände, „Frl." **Anna Walz**.

Ein erstes Resümee über die politische Arbeit der Frauen in den Parlamenten zog bereits im August 1919 die Vorsitzende des Bundes Deutscher Frauenvereine, **Gertrud Bäumer**, die seit Januar als Abgeordnete der Deutschen Demokratischen Partei in der verfassunggebenden Nationalversammlung in Weimar saß. Das *Darmstädter Tagblatt* druckte ihren Artikel in voller Länge nach. Viele ihrer Aussagen dürften mit den Erfahrungen der Darmstädter Politikerinnen übereingestimmt haben, so z. B. die folgende Bemerkung:

„Durch die deutsche Verfassung ist die deutsche Frau die freieste Frau der Erde geworden. Es gibt kein Grundgesetz in irgendeinem Staat der Welt, das die Gleichberechtigung der Frauen so zur Geltung bringt. Es darf aber nicht verkannt werden, dass die Grundsätze der Verfassung Papier bleiben müssen, wenn sie nicht in den Gesetzen voll zur Geltung kommen. Hier liegt für die nächste Legislaturperiode die große wichtige Aufgabe der weiblichen Volksvertreter, und es kommt alles darauf an, gerade für diese Periode möglichst viele Frauen in die Gesetzgebung hineinzubringen."[40]

Im Oktober 1919 veröffentlichte das *Darmstädter Tagblatt* einige die weibliche Bevölkerung betreffende Paragraphen aus der neuen Verfassung:

„Die volle Gleichberechtigung der Frauen hinsichtlich des Wahlrechts und der Wählbarkeit besteht nach der neuen Verfassung für die Wahl des Präsidenten, die Wahl des Reichstags, das Volksbegehren, den Volksentscheid, die Wahl für das System der Wirtschaftsräte. Nach Artikel 165 sind die Frauen ferner berechtigt, als Arbeitnehmer, als Arbeitgeber und als Verbraucher eine gesetzliche Vertretung zu wählen oder selbst gewählt zu werden. Im Artikel 12 heißt es: Alle Ausnahmebestimmungen gegen weibliche Beamte werden beseitigt."[41]

Gertrud Bäumer (1873–1954)

Gertrud Bäumers Wunsch jedoch, mehr Frauen in die Parlamente hereinzubringen, blieb während der Weimarer Zeit unerfüllt. Die Zahl der weiblichen Vertretung in den Gesetzgebungsorganen und in den meisten Kommunalparlamenten blieb niedrig und nahm gegen Ende der 1920er-Jahre sogar ab.

40 *Darmstädter Tagblatt* v.17.8.1919.
41 Ebenda. v. 29.10.1919.

In Darmstadt blieb bei den folgenden Kommunalwahlen (1922, 1925, 1929) die Verteilung der Mandate im Großen und Ganzen unverändert, bei Reichs- und Landtagswahlen allerdings büßten die linksliberalen Parteien von Wahl zur Wahl Stimmen ein, vor allem verlor **Karoline Balsers** Demokratische Partei Sitze in fast allen Parlamenten. Für die Stimmenverluste des linken Parteienspektrums fanden die Sozialdemokraten den Grund vor allem bei den Frauen: Sie würden eher konservative Parteien wählen, da „die demokratische Unzulänglichkeit naturgemäß bei der Weiblichkeit am wahrscheinlichsten ist“, schrieb der *Hessische Volkfreund* am 15.6.1920. Und weiter: „Durch den Mangel an politischer Schulung fehlt ihrem Temperament, ihrem tausendfältigen Ärger, ihrer lebhaften Entrüstung über die vielfältige Bitternis des Werktages der ausgleichende Faktor.“

Und knapp ein Jahr später veröffentlichte dieselbe Zeitung einen längeren Artikel über das Wahlverhalten der Frauen. „Es ist bitter für die Sozialdemokratie“, schrieb der anonyme Autor, „dass sie, die das Frauenwahlrecht eingeführt hat, dafür bis jetzt bei der großen Mehrzahl der Frauen so wenig Anerkennung findet.“ Er schloss seine Überlegungen mit dem Satz:

> „Selbstverständlich kann in unserer Partei keine Rede davon sein, in irgendeiner Weise den Abbau des Frauenwahlrechts ins Auge zu fassen. Aber die zwingende andere Notwendigkeit liegt auf der Hand: Die Partei muss sich viel eingehender noch als bisher mit der Aufklärung der Frauen befassen!“[42]

42 *Hessischer Volksfreund* v. 24. 3. 1921

Durch die Herausgabe einer Beilage des *Hessischen Volksfreund* mit der Überschrift „Für unsere Frauen und Mädchen", versuchte die Redaktion, mehr weibliche Mitglieder für ihre Partei zu werben. In den Beilagen schrieben prominente Sozialdemokratinnen wie z. B. **Marie Juchacz** über Themen, die den Arbeiterfrauen auf den Nägeln brannten, über die Reform des Paragraphen 218, über Arbeitsschutz, Rechtsprechung u. a. m.

Die zweite Darmstädter Kommunalwahl mit Beteiligung von Frauen fand im November 1922 statt. In die Stadtverordnetenversammlung wurden für die Deutsche Volkspartei (DVP) gleich vier Frauen gewählt: **Minna Brückner**, **Eleonore Pfnor**, **Antonia Krasinski** und **Anna Diehl**. Für die SPD blieb **Elisabeth Kern** als einzige weibliche Abgeordnete unter den 20 Parteikollegen übrig. Jeweils eine weibliche Abgeordnete vertrat die Demokratische Partei und die Deutschnationalen: **Karoline Balser** (DDP) und **Antonie Naumann** (DNVP). Die Zahl der weiblichen Stadtverordneten erhöhte sich 1924 von sieben auf acht durch das Nachrücken von **Karoline Friedrich**, die für die DVP ins Stadtparlament kam.

Wie in der ersten Wahlperiode und allen anderen nachfolgenden, gehörte keine Frau der Stadtregierung an. Auch wurde in der zweiten Legislaturperiode keiner der acht Ausschüsse von einer Stadträtin geleitet. Als Mitglieder sind Frauen nur in dem sozialpolitischen Ausschuss (**Diehl** und **Krasinski**) genannt, in dem zusätzlich vier Frauen mit beratenden Stimmen vertreten waren (**Balser**, **Hattemer**, **Dr. Johanna Schmidt**, **Meister**). Im Verkehrsausschuss befand sich unter den 15 männlichen Stadtverordneten eine Frau (Frl. **Krasinski**). Verzeichnet ist noch, dass im Schulvorstand der Darmstädter Mädchen-Fortbildungsschule, dessen Vorsitzender Oberbürgermeister Wilhelm Glässing war, elf Frauen und drei Männer Mitglieder sind,[43] ein seltener Fall von Frauenmehrheit in einem Gremium. Die Ausschüsse für Finanz- und Wirtschaftangelegenheiten waren in der Weimarer Zeit gänzlich ohne Frauenbeteiligung.

Karoline Balser war die einzige Stadtverordnete, die bis zu ihrem Tod im Jahre 1928 Mitglied mehrerer Ausschüsse war. 1925 wurde sie sogar zur Vorsitzenden des sozialpolitischen Ausschusses gewählt.[44]

Nach dem Beschluss der Stadtverordnetenversammlung im November 1925 wurde die Zahl der Stadtverordneten auf 48 reduziert und die Wahlperiode von drei auf vier Jahre verlängert. Bei der Wahl am 15. November 1925 erhielten fünf Frauen Mandate:

Elisabeth Kern (SPD), **Minna Brückner** und **Eleonore Pfnor** (DVP), **Emma Nick** (DNVP) und **Karoline Balser** (DDP). Durch Nachrücken erhöhte sich mit **Marie Becker** (SPD) die Zahl der weiblichen Stadtverordneten kurzfristig auf sechs. Im März 1928 starb jedoch eine der profiliertesten Politikerinnen von Darmstadt, **Karoline Balser**. Ihr plötzlicher Tod riss eine große Lücke in die Frauenbewegung – nicht nur in Darmstadt, sondern auch landesweit. Auf ihren Platz rückte ein männlicher Parteikollege nach.

Gleichzeitig gewannen vielerorts die rechten Parteien Zulauf. In Darmstadt bewarb sich 1925 die NSDAP für die

43 Vgl. Verzeichnis der Mitglieder der Stadtverwaltung, der Stadtverordneten-Versammlung, der Ausschüsse, Deputationen und Kommissionen. Darmstadt 1923.

44 Vgl. Verzeichnis der Mitglieder der Stadtverwaltung, der Stadtverordneten-Versammlung, der Ausschüsse, Deputationen und Kommissionen. Darmstadt 1926. Weitere Bände sind nicht vorhanden.

Stadtverordnetenversammlung mit fünf Kandidaten und Kandidatinnen. Ganz oben auf ihrer Liste, auf Platz 2, stand der Name der stadtbekannten Frauenaktivistin **Anna Walz**. Allerdings erhielt die Hitler-Partei bei dieser Wahl noch keine Mandate. Nachdem die Nazis bei den folgenden Wahlen auf weibliche Kandidatinnen verzichteten, schloss sich **Anna Walz** notgedrungen an die im Jahre 1928 gegründete rechte Volksrechtspartei an.

Am 17. November 1929 fand die letzte demokratische Kommunalwahl in Darmstadt statt. Nach der Verabschiedung des neuen Gemeindebeamtengesetztes hieß die Stadtverordnetenversammlung ab jetzt Stadtrat und die Stadtverordneten Stadträte bzw. Stadträtinnen. Die langjährigen „Stadtmütter", **Elisabeth Kern** (SPD), **Minna Brückner** und **Eleonore Pfnor** (DVP) behielten ihre Mandate. Als Neulinge zogen **Luise Gebhardt** (SPD), **Auguste Glenz** (DDP) und **Anna Walz** (VRP) in den Stadtrat ein. **Anna Walz** erhielt als einzige Vertreterin der Reichspartei für Volksrecht und Aufwertung einen Sitz. Diese, kurz Volksrechtspartei (VRP) genannte politische Vereinigung ging aus der Interessengruppe der Inflationsgeschädigten hervor. Die NSDAP errang bei der Wahl fünf Mandate, wie bereits erwähnt, mit einer rein männlichen Liste.

Am 18. November wurde im Rathaus das Wahlergebnis bekannt gegeben. Über diese Sitzung berichtete die deutschnationale *Hessische Landeszeitung* Folgendes:

„Am Montagabend war der Sitzungssaal unserer „Stadtväter" am Marktplatz zur Feststellung und Verkündung des Ergebnisses der Darmstädter Stadtratswahl angesetzt worden. Es hatten sich auch außerordentlich viel Bürger und Bürgerinnen eingefunden – darunter ein ganzes Mädchenpensionat! – die dem seltenen Schauspiel der sozusagen „amtlichen Geburt eines Stadtparlaments" beiwohnen wollten. Die kunsthistorisch bedeutsame Wendeltreppe unseres alten Rathauses konnte man nur in drangvoll fürchterlicher Enge erklimmen. Leider wurden die vielen Schaulustigen grausam enttäuscht, denn noch im letzten Augenblick wurde diese feierliche Amtszeremonie auf heute, Dienstagsabend 6 Uhr verschoben."[45]

Die konstituierende Stadtratssitzung fand erst am 9. Januar 1930 unter der Leitung vom Oberbürgermeister Rudolf Mueller statt, der nach der Begrüßung der neuen Stadtratsmitglieder eine programmatische Rede hielt. Anschließend nahm er die Verpflichtung der 19 neuen Stadtratsmitglieder traditionell per Handschlag einzeln vor.

„Einem der Hitlerleute, dem Schlosser Wittkopf, passte diese Art der Verpflichtung anscheinend nicht so recht", schrieb der *Hessische Volksfreund*, „denn er putzte sich seine Rechte nach vollzogenem Handschlag demonstrativ an seinem Rockärmel ab; ein anderer seiner Gesinnungsfreunde entbot nach der Verpflichtung den Tribünen den Faschistengruß."[46]

45 *Hessische Landeszeitung* v. 19.11.1929.
46 *Hessischer Volksfreund* v. 10.1.1930.

Während vor dem Rathaus hunderte von Erwerbslosen demonstrierten, zeigten die rechtsradikalen Volksvertreter mit diesen Gesten, in welche Richtung die zukünftige Arbeit im Darmstädter Stadtparlament gehen würde. Bereits an dieser ersten Stadtratssitzung störten die fünf Abgesandten der NSDAP die sachliche Diskussion mit provokativen Zwischenrufen. Trotz dieses Benehmens sorgte auch **Anna Walz** laut Zeitungsbericht „über eine Überraschung: Die Vertreterin der Aufwertungspartei, Fräulein Walz, gab die Erklärung ab, dass sie sich der nationalsozialistischen Partei anschließt, die damit doppelte Fraktionsstärke erhielt. Ob alle die Wähler, die für die Aufwertungsparteiliste gestimmt haben, mit diesem Entschluss ihrer Mandantin einverstanden sind, muss bezweifelt werden.“[47]

Im Gegensatz zu ihren Gesinnungsgenossen, die ihre Teilnahme an der traditionellen Nachfeier der Sitzung ablehnten, nahm **Anna Walz** daran teil. Vermutlich kannte sie die meisten Stadtverordneten durch ihre langjährigen Aktivitäten persönlich. „Die sonst so ernste Dame Fräulein Walz, fühlte sich inmitten der scherzenden Stadtväter recht wohl“, schrieb der Berichterstatter, der wohl auch bei der Feier anwesend war.[48] Ob die anderen Stadträtinnen an diesem „gemütlichen Teil“ der Sitzung teilnahmen, wissen wir nicht.

Die Hinwendung von **Anna Walz** zu rechtspopulistischen und nationalistischen Parteien war in der deutschen Frauenbewegung leider kein Einzelfall: Auch **Käthe Schirmacher** (1865–1930), eine der Gründerinnen des Weltbundes für

47 Ebenda.
48 Ebenda.

das Frauenstimmrecht und prominente Führerinnengestalt der deutschen Frauenbewegung, gehörte nach 1919 zum nationalkonservativen politischen Lager und zeichnete sich immer wieder durch rassistische Äußerungen aus.
Die Unterstützung der Nationalsozialisten durch Frauen ist umso unverständlicher, da die NSDAP bei jeder Gelegenheit ihre frauenfeindliche Einstellung offen kundtat. Die in Darmstadt erscheinende Zeitschrift *Hessischer Beobachter* der konservativen Deutschen Volkspartei veröffentlichte warnend im Sommer 1932 unter der Überschrift „Was hat die deutsche Frau vom Nationalsozialismus zu erwarten?" einige markante Thesen der NS-Ideologie:

> „Bei der Fülle von Widersprüchen, die aus dem nationalsozialistischen Lager gerade zur Stellung der Frau hervortreten, erscheint uns nicht unwichtig, einige Äußerungen gegenüber zu stellen, die klar erkennen lassen, dass es dem Nationalsozialismus gar nicht darum zu tun ist, der Frau im Dritten Reich wirklich eine Besserung ihrer gegenwärtigen Stellung in der deutschen Volksgemeinschaft zu verschaffen."

Um diese Aussage zu bekräftigen, zitiert die Zeitung Sprüche von Nazigrößen, wie:

„Ein Deutsches Reich der Zukunft wird gerade die kinderlose Frau – gleich ob verheiratet oder nicht – als nicht vollwertiges Glied der Volksgemeinschaft betrachten. Demgemäß darf der Ehebruch des Mannes mit Kindesfolge nicht als Ehebruch bewertet werden" (Der nationalsozialistische badische Landtagsabgeordnete Buttmann in einer Rede am 10. Oktober 1930). Zum Frauenstimmrecht hatten die nationalsozialistischen Politiker auch eine klare Meinung: „Dem Scheinrecht des Wählens und der Wählbarkeit der Frau muss das Recht, Mutter zu sein, das die Revolution der Frau genommen hat, entgegengestellt werden“ und „mit dem Wahnsinn der Wählbarkeit der Frau werden die Nationalsozialisten aufräumen.“ (Hagen Volker im *Westfälischen Beobachter*, August 1931).[49]

All diese Aussagen haben einige Frauen nicht abgeschreckt, ihre Stimmen der Nazipartei zu geben: Bereits zehn Monate nach der Darmstädter Kommunalwahl wurde die NSDAP bei der Reichstagswahl am 14. September 1930 mit 24,4 Prozent zweitstärkste Partei in der Stadt.[50] Zu diesem Ergebnis haben vermutlich auch nicht wenige Frauen beigetragen.

49 *Hessischer Beobachter* v. 28.7.1932.
50 Darmstadts Geschichte. Hrsg. von Eckhardt G. Franz, Darmstadt 1980, S. 448.

Ermutigt durch das Ergebnis bei der Reichstagswahl, wurde eine konzentrierte Arbeit im Stadtrat durch die andauernde Störung seitens der NSDAP-Abgeordneten immer schwieriger. Die Presseberichte über die Stadtratssitzungen tragen Überschriften wie „Eine beschämende Rathaus-Katzbalgerei", „Tiefstand stadträtlicher Auseinandersetzung" (*Hessischer Volksfreund* v. 31.10.1930) und „Wieder eine Dauersitzung des Stadtrats" (*Hessischer Volksfreund* v. 12.12.1930).

In der verschobenen Landtagswahl am 15. November 1931 stimmten im Stadtgebiet bereits gut 45 Prozent der Wahlberechtigten für die NS-Liste. Am 17.11.1932 kam es zu handgreiflichen Auseinandersetzungen im Stadtparlament und die Polizei musste die Besuchertribüne räumen.[51] Wie die Stadträtinnen auf die Tumulte reagierten, wissen wir nicht. Auf jeden Fall ging ein paar Wochen später die kurze Periode der freigewählten Parlamente mit Frauenbeteiligung durch die Machtergreifung der Nazis in Deutschland vorerst zu Ende.

51 Darmstädter Kalender: Daten zur Geschichte unserer Stadt. Bearb. v. Eckhart G. Fanz und Christina Wagner, Darmstadt 1994,, S. 225ff.

Fazit

Der Weg der Frauen zur aktiven Mitarbeit in politischen Parteien führte meistens durch die Frauenorganisationen und Vereine. Im Darmstädter Stadtparlament kamen sechs von 16 weiblichen Stadtverordneten zwischen 1919 und 1933 aus der Frauenbewegung: **Karoline Balser**, **Antonie Naumann**, **Emma Nick**, **Eleonore Pfnor**, **Luise Schweisgut** und **Anna Walz**. Sie alle waren Gründungsmitglieder der Ortsgruppe des Allgemeinen Deutschen Frauenvereins (4.12.1903) sowie Vorstandsmitglieder in diversen Frauenvereinen. Viele Politikerinnen waren auch berufstätig, sie arbeiteten als Lehrerinnen, Postbeamtinnen oder Angestellte. Auch die Stadtverordneten, deren Beruf als Hausfrau angegeben ist, waren neben ihrer zeitraubenden Hausarbeit als Heimarbeiterinnen oder Mitarbeiterinnen der Ehemänner tätig. Mit ihrem politischen Engagement nahmen alle Frauen zusätzliche Lasten auf sich.

Allerdings müssen wir nach allen uns zur Verfügung stehenden Quellen feststellen, dass die ersten weiblichen Stadtverordneten ihre Erfahrungen und ihr Wissen aus ihren Tätigkeiten in den Frauenvereinen und ihren Berufen kaum in der parlamentarischen Arbeit umsetzen konnten. Dafür waren die Widerstände und Vorurteile gegen die politische Betätigung von Frauen auch in ihren eigenen Parteien viel zu groß. Als Wählerinnen wurden sie gebraucht, als

Gestalterinnen kaum gefragt. Es waren die Männer, die die Debatten führten, die die wichtigsten Ausschüsse leiteten und der Stadtverwaltung vorsaßen. Ihre Kolleginnen und Parteigenossinnen kamen bei den Diskussionen nur selten zu Wort.

Treffend beschrieb die Reichstagsabgeordnete **Gertrud Bäumer** einen der Gründe dieses Verhaltens:

> „Wenn die Frauen in den Fraktionen prozentual weniger geredet haben als die Männer, so ist das sicher kein Zeugnis mangelnder Aktivität, sondern der Wunsch, das Überflüssige nicht zu vermehren und nur dann die Zeit in Anspruch zu nehmen, wenn sie sich selbst ganz sicher waren, die Verhandlungen fördern zu können."[52]

Ein eklatantes Beispiel für die Nichtbeachtung von Frauentätigkeiten innerhalb und außerhalb der Politik ist der Inhalt der Festschrift „Kunst und Leben in Darmstadt von heute", die 1925 „unter Mitwirkung führender Persönlichkeiten aus allen Kreisen der Stadt" unter der Federführung von Bürgermeister Rudolf Mueller herausgeben wurde. Zwischen den zahlreichen Autoren des Buches befinden sich gerade mal drei Frauen: **Karoline Balser**, **Elisabeth Kern** und **Gretel Goldstein**, deren kurze Beiträge im Kapitel „Aus der kommunalen Arbeit" unter der Unterschrift „Die übrige freie Wohlfahrtspflege" zusammengefasst sind. Außer diesen drei Frauen mit Bildporträts enthält das Buch Abbildungen von drei weiteren Bürgerinnen: Ohne Kommentar sind Fotos von **Auguste Staudinger**, Gründerin der Ortsgruppe des Allgemeinen Deutschen Frauenvereins, **Tilla de Weerth**,

52 *Die Frau*, 27. Jg., Mai 1920, Nr. 8, S. 225ff.

Vorsitzende des Hausfrauenvereins und **Anna Walz**, Gründerin und Vorsitzende mehrerer Frauenvereine, angefügt. Über die politische und parlamentarische Arbeit dieser Frauen wird nicht berichtet.[53]

Welche Skepsis gegenüber Frauen als Politikerinnen noch Jahre nach der Einführung des Frauenwahlrechts herrschte, zeigen Artikel in der Lokalpresse mit Überschriften wie „Macht Politik die Frau unweiblich?", „Die Frau und die Politik" (*Hessischer Volksfreund* 16.4.1924), „Sollen Frauen sich politisch betätigen?"(*Hessischer Volksfreund* 16.9.1925), „Die eigentliche Frauenfrage" (*Darmstädter Tagblatt* 10.2.1929) u. a., in denen immer wieder über die Vorbehalte gegen die politische Arbeit der Frauen innerhalb und außerhalb der Parteien die Rede ist.

Über diese Vorbehalte kann man in einem anonymen Artikel der konservativen Zeitschrift *Hessischer Beobachter* am 25.11.1927 Folgendes lesen:

> „Man konnte jetzt vor den Hessischen Landtagswahlen [November 1927] [Bemerkungen] hören, wie ‚Die Frau gehört nicht ins Parlament' und ‚Hoffentlich kommt bald die Zeit, wo ihr das Wahlrecht wieder entzogen wird' u.a.m. Als Grund für diese Haltung wird angegeben, dass viele Frauen für politische Fragen kein Interesse und kein Verständnis haben. Dass dieses Urteil für einen Teil der Frauen zutrifft, sei zugegeben. Die Mehrzahl aber muss es als falsch ablehnen."

53 Kunst und Leben im Darmstadt von heute mit einigen rückschauenden Betrachtungen unter Mitwirkung führender Persönlichkeiten aus allen Kreisen der Stadt. Hrsg. v. Bürgermeister Mueller, Darmstadt 1925, S. 62f.

Und weiter schreibt der Autor oder die Autorin:

> „Gegen die Frau als Parlamentarierin wird auch eingewendet, dass viele von im Parlament behandelten Fragen nichts verstehen, und dass sie naturgemäß solche Fragen nicht bearbeiten könne. Dem gegenüber sei die Frage erlaubt: Verfügen die ins Parlament entsandten Männer alle über eine so universale Bildung, dass sie bei allen Gesetzesvorlagen fördernd mitarbeiten können?“[54]

Die Antwort auf diese Frage kann damals wie heute nur mit einem eindeutigen NEIN beantwortet werden.

Bekanntlich endete das mühsam errungene Mitbestimmungsrecht der Frauen als Staatsbürgerinnen durch die Machtübernahme der Nationalsozialisten im März 1933. Viele der linken und linksliberalen Politikerinnen, die in der Weimarer Zeit aktiv waren, wurden verfolgt, vertrieben und ermordet. In Darmstadt wurden die beiden SPD-Stadtverordneten **Elisabeth Kern** und **Luise Gebhardt** im Zusammenhang mit dem Attentat auf Hitler am 20. Juli 1944 verhaftet. Sie wurden zwar nach einiger Zeit freigelassen, starben jedoch in der Bombennacht am 11./12. September 1944 in Darmstadt.[55] In der Bombennacht starb auch die Stadtverordnete der Deutschnationalen Volkspartei, **Emma Nick** in ihrer Wohnung in der Martinstraße.[56]

54 *Hessischer Beobachter* v. 25.11.1927.
55 Heinrich Pingel-Rollmann: Widerstand und Verfolgung in Darmstadt und der Provinz Starkenburg 1933–1945. Darmstadt 1985, Fußnote 94.
56 Akte im Hessischen Staatsarchiv Darmstadt (HStAD), Sign.: H1, Nr.18304.

Nach 1945 war es nur ganz wenigen Politikerinnen der Weimarer Republik gelungen, ihre parlamentarische Arbeit fortzusetzen. Sie und „die neuen Frauen“ mussten ihre Mitwirkungsmöglichkeiten in der Bundesrepublik nach der verheerenden Frauenfeindlichkeit der Nazis wieder ausloten, um das „weibliche Element“ in die parlamentarische Arbeit einzubringen. Es waren offenbar auch nur wenige, die den mühsamen Weg in die Politik auf sich nehmen wollten oder konnten, und die Zahl der Parlamentarierinnen der Nachkriegszeit blieb bis in die 1980er-Jahren hinein in allen Parlamenten, auch in der Darmstädter Stadtverordnetenversammlung, auf dem Niveau der Weimarer Zeit stehen.

Weibliche Stadtverordnete in Darmstadt 1919—1933 Biografien

Bettina Bergstedt

So dünn wie die Quellenlage über die Beteiligung der Frauen in Verbänden und in der Politik, so schwierig ist es, an manche grundlegende Eckdaten zu gelangen, an die Geburts- und Sterbedaten der Frauen, die sich als Stadtverordnete in Darmstadt betätigten. Frauen spielten eben nicht in den vorderen Reihen der Öffentlichkeit mit, und die eingangs erwähnte Brandnacht in Darmstadt 1944 vernichtete zudem die wenigen Quellen, die vorhanden waren.

Nur über drei der insgesamt 16 Mandatsträgerinnen gab es etwas ausführlicheres Material, aus dem eine Biografie herausdestilliert werden konnte: **Karoline Balser**, **Elisabeth Kern** und **Anna Walz**. Über **Karoline Balser** gibt es mehr Informationen, weil sie auch im hessischen Landtag vertreten war. Dort wurden die Sitzungen dezidiert protokolliert und fanden entsprechend Eingang in die lokale Presse. Über **Elisabeth Kern** gibt es Material, weil ihr Enkel, Hans Joachim Landzettel, sich an seine Großmutter erinnert, außerdem findet sie immerhin ab und zu Erwähnung in Artikeln oder Anzeigen, die Hinweise auf sie geben. Über **Anna Walz** schließlich berichtet ein Zeitungsartikel aus der Nachkriegszeit.

So sind drei längere Biografien entstanden, die Parallelen und, durch die jeweils unterschiedliche Parteizugehörigkeit, deutliche Unterschiede aufweisen: Balser war in der DDP, **Elisabeth Kern** in der SPD und **Anna Walz** in der VRP und NSDAP. Alle weiteren weiblichen Stadtverordneten finden in Anschluss an diese Porträts in alphabetischer Reihenfolge zumindest eine Erwähnung.

Eine streitbare Demokratin im Herzen und im Denken

Karoline Balser (1873–1928)
Stadtverordnete der DDP: 1919–1928

Als Karoline Balser im Alter von nur 54 Jahren an den Folgen einer verschleppten Grippe starb, schrieben ihre Partei-Mitstreiterinnen der DDP: „Wir hessischen Demokratinnen haben in ihr den Mittelpunkt und die begeisternde Führerin verloren“, und viele Männer und Frauen empfanden ihren Tod als großen Verlust, über Partei- und Interessensgrenzen hinweg. „Ich werde der überaus wertvollen Arbeit dieser ausgezeichneten Frau am Wohle des Landes ein dankbares Andenken bewahren“, schrieb der hessische Staatspräsident Bernhard Adelung in seiner Beileidsbekundung.

Karoline Balser erfreute sich großer Beliebtheit und die Menschen um sie herum waren ihr offensichtlich zugetan. Sie wird beschrieben als Optimistin, eine dem Leben zugewandte Frau mit positiver Lebenshaltung, sie habe die Eigenschaften der Mütterlichkeit und Warmherzigkeit in sich vereint wie Lebendigkeit und Humor; von der witzigen Randbemerkung bis zur drastischen Erzählweise habe sie über Bildung und Niveau verfügt. Ihr Sinn für soziale Belange, der Bereich, auf den Frauen in dieser Zeit verwiesen waren, entsprang ihrem Sinn für Gerechtigkeit und Wahrheit. Immer stellte Balser ihre Aktivitäten auf solide Füße, sie machte sich schlau auf dem jeweiligen Gebiet, mit dem sie in Berührung kam, bildete sich fort wo es ging und eignete sich somit ein profundes Wissen an.

Die Gescheiteste unter den Geschwistern

Karoline Maria Katharina Luise Elisabeth Schmierer wurde am 7. Juli 1873 in Goddelau geboren. Ihre Mutter war die Tochter des Pfarrers in Goddelau, Pfarrer Ebels, und schon der Großvater amtierte als geistlicher Schulinspektor in Nordhessen. Linas Vater kam aus kleineren Verhältnissen. Auch er stammte aus Oberhessen, hatte sich seine Position als Verwaltungsangestellter in der Pflegeanstalt Goddelau hart erarbeitet und wurde dort „durch Fleiß" zum Finanzverwalter.

Neben ihren beiden Brüdern musste sich Lina, wie sie als Kind genannt wurde, nicht verstecken. Lina war ein Kind, das die Dinge tatkräftig anging, mit Hang zur Selbstüberschätzung. Das führte immer wieder zu „Collisionen" in der Familie und auf körperlicher Ebene zu einer Entzündung des Hüftgelenks, die bei dem Kind zu einem verkürzten Bein führte. Dadurch ans Haus gefesselt, hat sie wohl in dieser Zeit die Grundlage für ihren Bildungseifer gelegt: Sie widmete sich dem Lesen. Lina besuchte zunächst eine Privatschule, später die Viktoriaschule in Darmstadt, die aus einer seit 1782 bestehenden Mädchenschule 1829 als Höhere Mädchenschule hervorging und seit 1884 den Namen Viktoriaschule trug. Seit 1877 konnte dort ein Reifezeugnis erworben werden, das den Besuch des (Volksschul-) Lehrerinnenseminars ermöglichte. Karoline besuchte auch dieses erfolgreich, trat aber nicht in den Schuldienst ein, weil ihre Mutter erkrankte und Lina den Haushalt übernehmen musste.

Gutbürgerlich und in Eintracht: Balser gegen Balser

Als Karoline 22 Jahre alt wurde, lernt sie 1895 Gustav Balser kennen, den um ein Jahr älteren Finanz-Referendar. Sie verlobten sich, bis zur Hochzeit dauerte es aber noch fünf Jahre. Erst Gustavs gesicherte Anstellung als Fürstlicher Kammersekretär in Donaueschingen erlaubte den Ehestand, denn mit dieser Stellung wurde die Grundlage für die gutbürgerlichen Verhältnisse geschaffen, in denen Karoline und Gustav fortan lebten. Nach drei Jahren zogen sie wieder ins Hessische, nach Darmstadt in die Landskronstraße, später in ein herrschaftliches Haus in der Wilhelmsstraße. Erneut kümmerte sie sich um die Pflege der Eltern, ihre Ehe blieb kinderlos. So begann Karoline ihre erfolgreiche soziale und politische Tätigkeit, während Gustav beruflich Karriere machte. Die Ehe muss harmonisch gewesen sein, beide verfolgten ihre eigenen Interessen und respektierten sich gegenseitig. Es wurde zu Hause eifrig diskutiert, wobei Gustav Balser wohl einer der wenigen Ehemänner aus dem bürgerlichen Lager war, der sich für die politischen Aktivitäten seiner Frau ernsthaft interessierte – anders als bei den linken Parteien, wo die Partner oft eng zusammenarbeiteten. Manchmal war Gustav Balser fast stolz auf seine intelligente und streitbare Frau, so nannte er die Dispute, die besonders nach dem ersten Weltkrieg am Küchentisch ausgefochten wurden, gern „Rededuelle B. contra B.“ und akzeptierte auch den Trubel, der häufig während der Mittagsmalzeit stattfand: Da Karoline viel unterwegs war, wussten Besucherinnen und Bittsteller, dass sie die rührige Frau nur zu dieser Zeit sicher antreffen würden.

Das Spiel „Balser gegen Balser“ setzte sich auf öffentlicher Tribüne fort: Gustav war im Landesparlament als Regierungsbeamter, Karoline als Abgeordnete der DDP. Selbst sozial und demokratisch gesinnt, musste Gustav sicher manchmal mehr von Amts wegen als aus Überzeugung gegen seine Frau argumentieren.

Die Seele des Allgemeinen Deutschen Frauenverbands

Seit 1903 arbeitete Karoline Balser aktiv beim Allgemeinen deutschen Frauenverband (ADF) mit, wurde bald zum Mittelpunkt der Vereinigung und 1907 zur Vorsitzenden der Ortsgruppe des Allgemeinen Deutschen Frauenvereins gewählt. Sie setzte sich für Mädchen- und Frauenbildung ein, bemühte sich um die Zulassung von Mädchen zu den Gymnasien und stritt für eine vernünftige Ausbildung junger Frauen nach der Volksschule. 1908 richtete sie im Rahmen des ADF eine Rechtsstelle in Darmstadt ein, die sie 20 Jahre lang betreute. Balser beriet in Pflegschaftsangelegenheiten, sie erteilte juristischen Rat bei Strafanzeigen und Prozessen. Sie engagierte sich darüber hinaus in der Wohlfahrtspflege in Zusammenarbeit mit den Alice-Vereinen und dem Kinderhort-Verband. Kinderhorte, Lesehalle, Schulgärten Krippen oder Säuglingspflege – sie ließ nichts unversucht, um auch strukturell eine bessere Grundversorgung für Kinder zu schaffen. Im Ersten Weltkrieg war sie Mitorganisatorin der hessischen Frauenarbeit, nach dem Krieg der Witwen- und Kriegswaisenfürsorge.

Doppeltes Amt: Landtagsabgeordnete und Stadtverordnete

Als 1918 das Frauenwahlrecht verabschiedet wurde, trat Karoline sofort der DDP bei, ließ sich aufstellen und kam gleich in der ersten Wahlperiode in die Stadtverordnetenversammlung. Dort war sie von 1919 durchgängig bis zu ihrem Tod 1928 vertreten, dazu wurde sie Abgeordnete im Hessischen Landtag.

Im Landtag war die SPD mit 31 Sitzen stärkste Fraktion, dann kamen Zentrum und DDP mit je 13 Sitzen von insgesamt 70, fünf davon gingen an Frauen. Unter den DDP-Abgeordneten war Karoline Balser die einzige Frau und vertrat ihren Standpunkt als Frau überaus selbstbewusst. Das war nicht selbstverständlich. Die Kolleginnen Birnbaum und Bierau von der DVP legten eine eher entschuldigende Haltung an den Tag. Balser dagegen ergriff auch das Wort als achte oder neunte Rednerin „als Hausfrau und als Frau“, aus der Erfahrung ihrer Tätigkeit in der öffentlichen Fürsorge und während der Kriegsjahre heraus, „auch auf die Gefahr hin, dass ich Sie hier langweilen muss“, so begann sie mehr als einmal ihre Ausführungen. Sie machte unermüdlich auf die besondere Belastung der Frauen aufmerksam, die trotz Rationalisierung und Teuerungsrate ihre Kinder und den Haushalt durchbringen müssten, wies auf die Frauen hin, denen aufgrund von Mangelernährung die Kraft fehle, Kinder auf die Welt zu bringen und sprach von der hohen Säuglingssterblichkeit in den Jahren 1917, 1918 und 1919.

„Wir Frauen wollen uns unseren Charakter nicht verderben lassen"

Die Abgeordnete Balser übte angesichts der Ernährungs- und Kartoffeldebatten offen Kritik an den „Männerdebatten", die sie weder politisch noch parlamentarisch erfreulich fand. Sie bezog Stellung gegen Polemik und Pauschalisierungen und Stellung für die Frau: „Es heißt, Politik verdirbt den Charakter. Wir wollen uns aber unseren Charakter nicht verderben lassen und wollen dafür eintreten, was wahr und gerecht ist."

Sie argumentierte geschickt und bezog sich stets inhaltlich auf ihre Vorredner, denen sie genau zuhörte. „Meine Herren, aus allem, was hier gesagt worden ist, müssen wir Frauen doch den Schluss ziehen, dass die Gewissenlosigkeit aller…an den Zuständen, wie wir sie heute haben, mit Schuld hat." Sie prangerte den unbedachten Umgang mit Geld in den Kreisen der Besitzenden an wie innerhalb der Arbeiterklasse, ob Mann oder Frau.

Balser lobte Frauen, die solidarisch handeln und forderte mehr Frauen in verantwortungsvollen Positionen und ein Frauendezernat im Hessischen Landtag. Längst hatte Balser erkannt, dass ohne Posten Frauen nichts ausrichten können, Anträge und Appelle blieben oft belächelt. Sie wollte, dass Frauen mitentscheiden. Wenn Präsident Adelung ihr entgegnete: „Sie könnten ja, wurden aber nicht gewählt", konterte Balser: „Eben! Uns wählt ja keiner in diese Ausschüsse" und verlangte damit unausgesprochen eine Quotenregelung. Balser stieß auf taube Ohren, wenn sie für eine bessere Rechtslage für Frauen stritt oder für die Abschaffung der Todesstrafe. Sie wollte das Familienrecht ändern (Vermögen, elterliche Gewalt, uneheliche Mütter), prangerte die Doppelmoral an, wenn ausschließlich Männer Frauen richten, ohne jedes tiefere Verständnis für deren Belange, zumal Männer Frauenrechte unter dem Gesichtspunkt der Konkurrenz sähen und gar bekämpften. Wenn arme Frauen die Traktierungen von ihren Männern als

„viehisch“ empfanden, zeigten sich die Richter solidarisch mit ihren Geschlechtsgenossen, so Balser.

Das ging den männlichen Abgeordneten zu weit. Sie argumentierten mit den alten „naturgemäßen“ Unterschieden der Geschlechter und betonten, dass für den Sumpf der Juristerei die Frau nicht geschaffen sei, die das sei höchstens etwas für „Mannweiber“. Den Herren zur Seite sprangen die Abgeordneten Frau Bierau („Ja, Herr Kollege!“) und Frau Hattemer (auch sie ist gegen „Gleichmacherei“) bei dieser Diskussion. Balser bot Paroli: „Wir Frauen legen Gewicht darauf, unsere Weiblichkeit in höchstem Grade zu bewahren und weiterzuentwickeln“ und setzte obendrauf: „Zum Besten unseres Geschlechts: Richterinnen ins Amt“, was für Balser bedeutete: Mehr Herz im Richteramt.
Das Gleiche gelte für die Polizei. Der Finanzausschuss finanziere lieber mehr Pferde als Frauenposten im Polizeidienst. Dabei seien einige Verhörmethoden von Polizisten durchaus zu kritisieren und mehr Gefahr als Hilfe für die Gefährdeten.

Statt Polemik Stadtdebatten mit Niveau

Auch auf städtischer Ebene stieß die streitbare Balser auf Granit. Erneut plädierte sie für mehr Mädchenbildung, für Lehrerinnen in Mädchenschulen, ja, für Direktorinnen. Statt dessen wurde diskutiert, im Wohlfahrtsbereich die staatlichen Kreisfürsorgerinnen wieder durch konfessionelle Schwestern zu ersetzen. Balser war empört: Immerhin hätten die staatlichen Kräfte eine jahrelange Ausbildung hinter sich, die kaum zu ersetzen sei. Es fehle den Antragstellern offensichtlich an Sachverstand, fügte sie hinzu.
So viel Widerspruchsgeist von einer Frau warf manchen Abgeordneten dann doch aus der Bahn: Nur aus Ritterlichkeit würde er nicht antworten, sagte einer von ihnen, laut Protokoll „sichtlich um Fassung bemüht“.

Die Art der Auseinandersetzungen in den Parlamenten sei mitverantwortlich für den Streit im Volk, sagte Balser in einer Zeit, als der Rechtspopulismus auch in den Versammlungen zunahm. Einem Dr. Werner von der antisemitischen DNVP antwortete sie, als dieser eine Freistellung von jüdischen Schülern am Sabbat verhindern wollte: Die jüdischen Kinder, so Balser, seien nicht die geistig minderwertigen, die Zurückgebliebenen in den Schulen, im Gegenteil. Insofern wäre ein freier Sabbat auch nicht zum Nachteil der Schulen. An anderer Stelle konterte sie scharfsinnig, als Kollegin Hattemer wegen schlechter wirtschaftlicher Lage die öffentliche Förderung für Fasching und Tanzvergnügungen einstellen wollte: Appelle zur Mäßigung durch das „hohe Haus" sollten genügen, schließlich sei das Volk, an dem nun gespart werden sollte, der Steuerzahler, der das „hohe Haus" mit seinem Geld finanziere.

Bravorufe für Balser.

In der Debatte um drastische Kürzungen im Kultur- und Bildungssektor mit Blick auf den sich beklagenden Bauernverband kam es in einer Debatte zu wüsten Beschimpfungen der Abgeordneten untereinander („Mistgabelbolschewismus!" versus „Maschinengewehrbolschewismus!"), Karoline Balser war erschüttert: „Wenn man von der rechten Seite dazu übergeht, offen zum Bürgerkrieg aufzurufen (Unmut von Rechts), so muss ich mein tiefstes Bedauern aussprechen". Balser lieferte stattdessen eine Zustandsbeschreibung der notleidenden Bevölkerung im Stadtgebiet. Tatsache sei, dass „in der Stadt Darmstadt auf dem Wohlfahrtsamt ...dutzende von Personen in den Wirtschaften in der Altstadt untergebracht" werden müssten, „70 Prozent Kriegsbeschädigte mussten auf dem puren Pflaster kampieren...". Wenn sich die Herren vom Bauernbund, von deutschnationaler Seite unterstützt, mit der „Not des Bauernverbandes" befassten, wo Darmstadt nicht mehr wisse, wie die Betroffenen unterzubringen seien (an dieser Stelle ein Zuruf von Galm, KPD: „Ernst Ludwig hat noch reichlich Platz!"), so müsse sie sich allerdings auch über die Geduld des Volkes wundern, die diese Debatte einfach hinnehme, konstatierte Balser.

„Eine Lücke in unseren Reihen"

Dass dies nur die Anfänge sich zuspitzender und populistischer Debatten waren bis zur blanken Hetze im Nationalsozialismus, konnte Balser nicht ahnen – und sie hat es auch nicht mehr miterlebt. Die „unermüdliche Helferin für Menschen in Not" nahm in ihrem Arbeitseifer einen Infekt und die damit einhergehenden körperlichen Warnungen nicht ernst, sie gönnte sich nicht ausreichend Ruhe, um ihn auszukurieren. Nach kurzer Krankheit starb sie am 23. März 1928.

Sie reiße „eine Lücke in unsere Reihen", sagte der Präsident Bernhard Adelung, der gerade seinen SPD-Parteifreund Carl Ulrich abgelöst hatte, eine Woche später bei der 6. Sitzung des 4. Landtags. Dem hessischen Landtag, dem „Hohen Haus", hatte Karoline Balser vom 13. Februar 1919 bis zum 27. November 1921 und vom 6. Oktober 1925 bis zu ihrem Tod angehört, der Stadtverordnetenversammlunarg und dem Stadtrat von Darmstadt durchgängig seit Juni 1919. Sie „war ein gutes Vorbild, besonders in den jetzigen schweren Zeiten!", so verabschiedete sich der Landtagspräsident, die Abgeordneten sollen sich von ihren Plätzen erhoben haben: „Ich danke Ihnen."

Quellen:

Ingrid Langer: 12 vergessene Frauen. Frankfurt am Main 1989.
Nachlass mit Nachrufen: Archivmaterial im Stadtarchiv und Staatsarchiv (darunter *Hessische Demokratische Wochenschrift* 1924–28, ohne Zählung, Band 2, S. 106ff)
Kunst und Leben in Darmstadt von heute mit einigen rückschauenden Betrachtungen unter Mitwirkung führender Persönlichkeiten aus allen Kreisen der Stadt. Hrsg. v. Bürgermeister Mueller, Darmstadt 1925, S. 61f.
Die Darmstädterin Nr. 5/1953

Unbeugsam in ihrer politischen Überzeugung

Elisabeth Kern (1880–1944)
Stadtverordnete der SPD: 1919–1933

Elisabeth Kern war Sozialdemokratin mit ganzer Seele. Sie wusste genau, was es bedeutet, nicht in Wohlstand zu leben oder den Arbeitsplatz zu verlieren und war wohl aufgrund ihrer persönlichen Erfahrungen eine mitfühlende Frau. Elisabeth Kern wollte ihre Anteilnahme an der Gesellschaft aber nicht bei „Mitgefühl“ belassen, vielmehr mischte sie sich ein. Sie wurde Mitglied in der SPD und engagierte sich als erste Vorsitzende im Arbeiterwohlfahrtsausschuss Darmstadt. Beide Tätigkeitsfelder überlagerten sich, so ist in einem Bericht über die Landeskonferenz der hessischen Arbeiterwohlfahrt in Darmstadt am 22. März 1931 zu lesen, dass am Ende des Landestreffens der 130 Ortsausschüsse „die Genossin Kern (...) die prächtig verlaufende Konferenz [schloss], die sich unter Absingen des Liedes „Brüder zur Sonne, zur Freiheit“ auflöste“.

Kindheit im Martinsviertel

Am 2. Mai 1880 wurde Elisabeth Kern in Darmstadt geboren, wuchs aber in der Familie ihres Onkels im Martinsviertel auf. Es waren tragische Umstände, die sie früh zur Vollwaise machten. Ihr Vater, der Dachdeckermeister Philipp Bangert, hatte lange Zeit einen gutgehenden Handwerksbetrieb und lebte im Aufschwung des Baubooms von vollen Auftragsbüchern in Folge des Deutsch-Französischen Krieges 1870/71. Nachdem die zerstörten Häuser aufgebaut waren, machte der Bauunternehmer pleite, für den Philipp Bangert tätig war, und auch Bangert konnte seinen Betrieb nicht halten. Elisabeths Vater beging daraufhin Selbstmord, seine Frau, Elisabeths Mutter, wählte kurze Zeit später, im August 1882, den Freitod.

Elisabeths Onkel, Ludwig Bangert, bemerkte schon in der Grundschule die Begabung und die Neugier des Kindes, konnte aber als Volksschullehrer mit drei eigenen Kindern das Schulgeld für die weiterführende Schule für seine Nichte nicht zusätzlich aufbringen. So machte sie, wie die meisten Mädchen in ihrem Alter, eine Lehre, wurde Schneiderin und heiratete 1899 Jakob Kern (1876–1952). Der um vier Jahre ältere Jakob war gelernter Eisenformer und -gießer, überzeugter Sozialdemokrat und Gewerkschafter, im Ersten Weltkrieg wurde er Soldat. Da hatte das Ehepaar bereits vier Töchter.

Während sich Elisabeth vor Ausbruch des Krieges hauptsächlich um den Haushalt gekümmert hatte, musste sie ihre Familie während des Krieges mit Näh- und Aushilfsarbeiten alleine durchbringen, zwei ihrer Kinder starben in jungen Jahren.

Politische Debatten am Küchentisch

Erst nach dem Krieg ging für Elisabeth die politische Arbeit los. Als Mitglied der SPD, die als Partei auch für Frauen Bildungsmöglichkeiten bereit hielt, ganz nach der Devise „Wissen ist Macht", nahm Elisabeth die Angebote wahr und las immer mehr Bücher. Sie gehörte zu den ersten fünf weiblichen Stadtverordneten in Darmstadt als Vertreterin der SPD und übernahm in der Weimarer Republik verantwortlich zahlreiche Ämter. Sie war Mitglied des Kulturausschusses, Vorsitzende des Wohlfahrtsausschusses und erste Vorsitzende des Arbeiterwohlfahrtsausschusses. Jakob Kern wurde nach dem Ersten Weltkrieg Verwaltungsangestellter (Inspektor) bei der AOK und knüpfte an seine alte Parteitätigkeit an, führte den Vorsitz im Darmstädter Ortsverein der SPD und war Mitglied des Kreis- und Provinzialausschusses. Die Kerns führten einen durch und durch politischen Haushalt, und die beiden Töchter werden wohl zahlreiche Diskussionen über Politik am heimischen Küchentisch erlebt haben. Ihre Mutter nahm an Tagungen teil, verfasste

Beiträge und hielt Reden, vor allem zu sozialpolitischen Themen. Die Familie verkehrte in den Darmstädter Kreisen des seit 1928 amtierenden hessischen SPD-Innenministers Wilhelm Leuschner, der 1944 als politischer Widerständler von den Nationalsozialisten hingerichtet wurde.

Stadtverordnete in Darmstadt

„Die Not der Zeit ist groß. Wir wissen nicht, was die nächste Zukunft bringt. Alle Anzeichen sprechen dafür, dass wir über das Schwerste noch lange nicht hinweg sind", schrieb sie in einem Bericht im Hessischen Volksfreund vom 20. Oktober 1921. Die Folgen des Ersten Weltkrieges und des Versailler Vertrags bestimmten das tägliche Leben, die Wirtschaftkrise und Inflation von 1923 bahnte sich an. Da wirkte Elisabeth Kern bereits drei Jahre als Stadtverordnete in Darmstadt. Gleich bei der ersten Kommunalwahl am 15. Juni 1919, bei der Frauen zugelassen waren, hatte sie sich für die SPD aufstellen lassen und wurde als eine von sechs Frauen bei insgesamt 60 Plätzen in die Stadtverordnetenversammlung gewählt: „Listenplatz 14: Kern, Elisabeth, geb. Bangert, Hausfrau" so lautete der Eintrag. Auf der Liste der SPD standen fünf weitere Frauen, drei davon Hausfrauen wie Elisabeth, außerdem die Lagerarbeiterin Marie Geib und die „Witwe und Privatin" Elise Lack, die ebenfalls gewählt wurde.

Elisabeth Kern blieb, alle Wahlperioden hindurch, Stadtverordnete der SPD bis zur Gleichschaltung durch die Nationalsozialisten. Bei der Kommunalwahl am 19. Oktober 1922 wurden acht Frauen (von 60) in die Stadtverordnetenversammlung gewählt, von vier SPD-Frauen war sie die einzige. In der dritten Periode (nach der Wahl am 15. November 1925) rückte zusätzlich von der SPD die Angestellte Marie Becker 1928 nach, bei den Kommunalwahlen vom 17. November 1929 saß neben Kern die Genossenschaftsangestellte Luise Gebhardt von der SPD in der Stadtverordnetenversammlung.

Insgesamt fand Elisabeth Kern über die vielen Jahre ihrer Stadtverordnetenzeit in den Zeitungen nur selten Erwähnung. Über die Anfangszeiten in der Weimarer Republik ist zu erfahren, dass die Bezirksversammlung der SPD im Restaurant Hanauer Hof im Martinsviertel an der Heinheimer Straße, Ecke Maurerstraße tagte und Elisabeth Kern regelmäßig ihren Parteigenossinnen und -genossen von der Stadtverordnetenversammlung berichtete. Im September 1922, kurz vor der Stadtverordnetenwahlen im Oktober, sollte laut einer Anzeige im *Hessischen Volksfreund* den SPD-Mitgliedern die Gelegenheit geboten werden, „sich über die Tätigkeit der Stadtverordnetenfraktion zu orientieren und, soweit es für notwendig erachtet wird, in sachlicher Weise Kritik zu üben".

Am 6. Oktober 1925 wird über die Landesfrauenkonferenz der SPD in Mainz berichtet. Dort hat sich offenbar der Parteisekretär Widmann aus Offenbach negativ über die Frauenabende in der SPD geäußert. Elisabeth Kern verteidigte die Darmstädter Frauentreffen energisch: Die dort angebotenen anspruchsvollen Vorträgen seien ein wichtiger Beitrag zur Frauenbildung. Offenbar eröffnet und schließt Kern immer wieder die Versammlungen, im Dezember 1927 stellte sie als Vorsitzende der Arbeiterwohlfahrt auf einer AWO-Konferenz den Antrag, dass der „Omnibusverkehr ins Martinsviertel auf 2–3 Stunden mehr abends ausgedehnt werden" soll. Am 18. April 1929 berichtet der *Hessische Volksfreund* rückblickend vom Internationalen Frauentag sowie dem Vortrag einer belgischen Kollegin: „Genossin Kern gedachte nochmals in kurzen Worten der Bedeutung des Internationalen Frauentages und forderte die Anwesenden zu tätiger Mitwirkung auf."

Einen längeren Bericht druckte der *Hessische Volksfreund* am 20. Oktober 1921 ab, „Die Frau und die Wohlfahrtspflege". Darin forderte Elisabeth Kern, dass die bislang von caritativen und kirchlichen Vereinen ausgeübte und die gesetzlich geregelte Wohlfahrtsarbeit nun „von sozialistischen Grundanschauungen aus in Angriff genommen werden" soll. Mit dieser freien Wohlfahrtspflege könnten neue Wege aufgezeigt werden, so Elisabeth Kern, wie die Volksschulen zeigten. Diese seien bereits aus der freien Wohlfahrtspflege hervorgegangenen und vermittelten endlich auch „den besitzlosen Klassen die elementaren Kenntnisse“. Damit dürfe aber nicht genug sein. Denn viele der Kinder seien infolge von Unterernährung und Krankheit nicht in der Lage, die „geistigen Kenntnisse fruchtbringend in sich aufzunehmen“. Die Ursache: Der verlorene Krieg. Elisabeth Kern forderte deshalb die Beseitigung der Nahrungsnot durch Schulspeisungen als Voraussetzung für einen erfolgreichen Schulbesuch der Kinder. Dies müsse eine „sozialistische Zielsetzung“ innerhalb der freien Arbeiterwohlfahrt sein, die „vor allem die Arbeiter von Objekten zu Subjekten, von bloßen Pfleglingen zu Trägern der Wohlfahrtspflege“ macht, schrieb sie, und zitierte am Ende den großen Dichter Goethe: „Edel sei der Mensch, hilfreich und gut.“

Solidarität durch Arbeiterwohlfahrt

Über den Sinn und Zweck ihrer Arbeit in der Arbeiterwohlfahrtshilfe schrieb sie im Jahr 1925 zusammenfassend: „Der Arbeiterwohlfahrtsausschuss, gegründet vor 5 Jahren [1920] von sozialistischen Frauen und Männern, hat lediglich den Zweck, eine stärkere Betonung der proletarischen Interessen herbeizuführen und einen klassenbewussten Einschlag gegen überlieferte Einstellungen durchzusetzen. Bis dahin war es nicht möglich, die gewaltigen Gruppen des arbeitenden Volkes an den hohen Aufgaben der Wohlfahrtpflege und deren Einrichtungen teilnehmen zu lassen.“

Elisabeth Kern hielt immer wieder Reden oder verfasste gut grundierte Artikel, sie scheute sich nicht, vor Ausschüssen und auf größeren Versammlungen öffentlich zu sprechen. So warnte sie nach dem ersten Weltkrieg vor der sich ausbreitenden Armut bis in die bürgerlichen Schichten und zeigte dabei, dass sie das sozialistische Vokabular sehr wohl beherrschte: „Die innere Bedeutung des Arbeiterwohlfahrtsausschusses liegt in der Verhütung der Verarmung und Verelendung der Staatsbürger. Durch die Auswirkungen des verlorenen Krieges haben weite Kreise des Bürger- und Kleinrentnerstandes zur Verbreiterung der besitzlosen Schichten beigetragen, während es früher ausschließlich der Arbeiterstand war, der (als einziges Besitztum seine Arbeitskraft wirtschaftlichen Schwankungen dauernd ausgesetzt) den stärksten Prozentsatz der Pfleglinge stellte. Daher ist wohl niemand in der Lage, das furchtbare Elend des deutschen Volkes so zu erkennen und seiner Empfindung Ausdruck zu geben, wie der Arbeiter und Arbeiterfrau. Aus dieser Erkenntnis heraus bildete sich der Arbeitersamariterbund, dessen Hilfsbereitschaft bei Unglücksfällen unmittelbar in den Betrieben geübt wird."

Elisabeth Kern machte die Arbeiterschaft als die zentrale Schicht aus, die sich aus ihrer historischen Erfahrung heraus solidarisch erklärte, hier ist der Arbeiterwohlfahrtsverband verortet, als solidarischer Bund in schlechteren Zeiten. Sie wusste um die Auswirkungen wirtschaftlicher Not, so mischte sich ihr erworbenes theoretisches Wissen mit der bitteren Erfahrung von Arbeitslosigkeit, als sie noch ein kleines Mädchen war.

Bildung für Frauen

„Frauen wählt!" schrieb Elisabeth Kern am 25. November 1921 in der Beilage zum *Hessischen Volksboten*, dem „Frauenblatt" Nr. 4, zwei Tage vor der Landtagswahl. In einem längeren Aufruf ermahnte sie die Frauen, sich ihrer neu erworbenen Pflicht und ihrer damit verknüpften Macht bewusst zu sein. Sie bedauerte im selben Zuge aber auch, dass es noch wenige seien, die diese Bedeutung erkannt hätten. Sie konnte die Verbitterung zahlreicher Frauen infolge der schwierigen Lebensumstände nachvollziehen, aber „besonders die Arbeiterfrauen müssen zu selbständigem Denken und Handeln erwachen", so wie der Arbeiter, denn beide „sind Unterdrückte, die sich nur aus eigener Kraft befreien können". Dazu gehöre für die Frauen nach jahrhundertelanger Rechtlosigkeit viel Kraft. Genossin Kern erinnerte daran, dass es der verlorene Krieg sei, der zu den schwierigen Verhältnissen geführt habe und machte als Ursache dafür die unausgewogene Finanzpolitik der Machthaber aus, „und diese Macht lag damals in den Händen der Parteien, die heute alle Schuld auf die Sozialdemokratie wälzen möchten." „Frauen – Augen auf", schrieb sie, und natürlich setzte Elisabeth Kern so unmittelbar vor der Wahl den Slogan hinzu: „Dem Sozialismus gehört die Zukunft", also der SPD, der Partei, die die Rechte der Frau erkämpft habe.

Das Kernproblem war in fast allen Bereichen für Frauen die fehlende Bildung. Deshalb lag Elisabeth Kern die Fortbildung von Frauen besonders am Herzen. Sie sollten nicht nur selbständig Denken lernen, sondern endlich in der Wohlfahrtspflege innerhalb der SPD und bis in die Ortsverbände hinein praktisch tätig werden können. „Die Stadtverwaltung beginnt in den nächsten Tagen mit einer Reihe von Vorträgen für Frauen und Männer (mit namhaften Referenten), um die verschiedensten Wohlfahrtszweige zu behandeln". An den Frauenabenden könnten „in diesem Winter (...) Vorträge zur politischen Fortbildung der Frau, oder auch solche über Körper- und Gesundheitspflege, Samariter- bzw. Sanitätswesen usw." angeboten werden.

Jeden Donnerstagabend fanden Frauentreffen im Gewerkschaftshaus in Darmstadt statt, es sei denn, die Partei oder der Kulturausschuss tagte. Genossin Rover war für die Abende verantwortlich, für die Handarbeitsabende Genossin Hütsch. Bei den Vorträgen ging es um „Mehr Schutz für Mutter und Kind" oder Genosse H. Landzettel referierte über das Weimarer Verfassungswerk. Elisabeth Kern hielt einen Vortrag über die schwierigen Anfänge der proletarischen Frauenbewegung anhand des Buches „Ein steiniger Weg" von Ottilie Baader. Es ging um „Warenkunde der Hausfrau" oder um „Erziehungsaufgaben der proletarischen Frau", um „Frauen und Politik". Mit dabei: Käthe Kern, die Tochter von Elisabeth. Sie hielt längst selbst Vorträge an den Frauenabenden: Die häuslichen politischen Gespräche haben offensichtlich bei den eigenen Kindern Wirkung gezeigt.

An den Handarbeitsabenden wurde den Frauen vorgelesen und anschließend diskutiert, auf der Bildungsagenda stand das Buch „Flammende Tage" von Karin Michaelis mit den Kapiteln „Kinderseele" oder „Kind und Strafe", die

„sehr eindrucksvoll wirkten". Die von den Frauen gestrickten und bestickten Erzeugnisse wurden auf Bazaren des Arbeiterwohlfahrtsausschusses verkauft – auch das erwähnte Elisabeth Kern in ihrem AWO-Bericht über das Jahr 1929. In der Landeskonferenz der Arbeiterwohlfahrt in Darmstadt im März 1931 hatte Genossin Kern bei ihren Begrüßungsworten bemerkt, dass „besonders unsere Frauen (...) äußerst zahlreich vertreten" waren. Die Beteiligung von Frauen insgesamt hat sich aber seit den Anfängen der Weimarer Republik wohl nicht so entwickelt, wie Elisabeth Kern es sich gewünscht hatte. Im Jahrbuch der SPD vom April 1930 schreibt sie rückblickend, dass in der Frauenbewegung doch nur ein „stetiges, wenn auch langsames Wachsen" sei, und wünscht sich „sichtbare Erfolge".

Polizeiliche Überwachung in der Nazizeit

Wie viele andere verloren nach dem Machtantritt der Nationalsozialisten 1933 auch Jakob und Elisabeth Kern ihre politischen Mandate, Jakob Kern darüber hinaus seinen Arbeitsplatz; und die Gremien und Vereine, in denen beide gearbeitet hatten, wurden verboten. Jakob Kern kam in Schutzhaft, das Ehepaar wurde polizeilich überwacht.
In dieser Zeit lebte der Enkel, Hans Joachim Landzettel (geboren 1935), im gleichen Haus wie die Großeltern, in der Pankratiusstraße 4. Elisabeth und Jakob hatten der jungen Familie Landzettel, als diese in finanzielle Not geriet, sofort im eigenen Haus Platz gemacht. An die ersten zehn Jahre seines Lebens und an die Großeltern hat Landzettel schöne und noch sehr lebendige Erinnerungen. Besonders von der Großmutter Elisabeth zeichnet er ein liebevolles Bild wenn er schreibt: „Sie war sehr gebildet, konnte viele Märchen und Gedichte auswendig vortragen (Schillers Glocke mit 31 Strophen), sie ging mit uns schwimmen und nahm uns auch mit ins Kino." Es war die Großmutter, die bei schweren Krankheiten an seinem Bett wachte, „oft die ganze Nacht in einem Sessel" sitzend. „Die Großeltern gaben uns Sicherheit bei über 300 Fliegeralarmen und etlichen

Bombenangriffen, die wir im Keller des Hauses verbringen mussten." Den größten Angriff über Darmstadt sollte Elisabeth Kern nicht überleben.

Am 22. August 1944 wurden sie und ihr Mann von der Gestapo verhaftet, im Rahmen der „Aktion Gitter". Infolge des Attentats (Stauffenberg-Attentat) auf Adolf Hitler am 20. Juli 1944 (an dem auch der befreundete Wilhelm Leuschner beteiligt war) startete die Gestapo eine umfassende Aktion mit Massenverhaftungen von bis zu 5000 ehemaligen Gewerkschaftern und Mitgliedern fast aller Parteien: Sozialdemokraten, Liberale, Kommunisten, des Zentrums und der Bayerischen Volkspartei – unabhängig davon, ob sie aktuell in politische Machenschaften verwickelt seien, so der Auftrag an Heinrich Himmler. Landzettel erinnert sich: „Als es morgens um 5 Uhr Sturm an der Wohnungstür läutete, öffnete ich als Zehnjähriger die Tür, vor der fünf Polizisten standen und sofort meine Großeltern verhafteten und abführten". Zwei Gestapo-Beamte und drei Hilfspolizisten waren gekommen, von denen „einer Tränen in den Augen hatte", denn er war als Kunstmaler unter Beteiligung von Elisabeth Kern in der Weimarer Republik gefördert worden. Jakob kam ins Konzentrationslager Dachau, Elisabeth ins Gefängnis in der Rundetorstraße. Sie sorgte sich um ihren Mann, die erkrankte eigene Tochter und die Enkelkinder und schien dem Sextaner Hans Joachim um Jahre gealtert, als sie nach ihrer Entlassung aus dem Gefängnis im September den Jungen besuchte, der mit seiner Schulklasse des Ludwig-Georgs-Gymnasiums ins Landheim bei Groß-Umstadt evakuiert worden war.

Früher Tod in der Brandnacht

Während ihr Mann Jakob das KZ Dachau überlebte, starb Elisabeth in der Brandnacht am 11. September 1944, als das Haus in der Pankratiusstraße in Flammen aufging. Sie hatte, so berichtet es der Enkel, noch vergeblich versucht, das Leben eines älteren Ehepaars zu retten. Hans Joachim Landzettel schreibt in seinem Erinnerungsbericht: „Wenn ich die Lebensleistung meiner Großeltern bedenke, empfinde ich große Hochachtung. (...) Die wirtschaftlichen Schwierigkeiten und die Nöte der politischen Verfolgung nach 1933 haben den Lebenswillen und die Tatkraft meiner Großeltern nicht brechen können und sie haben ihre politischen Überzeugungen in der NS-Zeit nicht verraten. (...) Die ehrenamtliche und langjährige Arbeit meiner Großmutter als Stadtverordnete und Vorsitzende der Arbeiterwohlfahrt verdient besonders gewürdigt zu werden."

Nicht im Martinsviertel, aber doch in der Heimstättensiedlung in Darmstadt wurde nach einem Antrag der Stadtverordneten Barbara Obermüller von der Feministischen Partei auf Magistratsbeschluss im Jahr 2001 eine Straße nach Elisabeth Kern benannt.

Quellen:

Hans Joachim Landzettels Erinnerungen, zusammengefasst in: „Darmstädter Biografien 1933–1945", Heft 3, hrsg. v. Darmstädter Geschichtswerkstatt e.V., 2019, S. 15–20

Kunst und Leben in Darmstadt von heute mit einigen rückschauenden Betrachtungen unter Mitwirkung führender Persönlichkeiten aus allen Kreisen der Stadt. Hrsg. v. Bürgermeister Mueller, Darmstadt 1925, S. 61f.

Zeitschrift Arbeiterwohlfahrt 1931, Heft 8, S. 251ff

Ein Leben mit politischen Wendungen: Von der DDP zur NSDAP

Anna Walz (1863–1948)
Stadtverordnete der VRP: 1929–1933

Hessischer Volksfreund (1919–1931)

Fräulein Anna Walz war „Privatin" und gehörte damit zu dem Personenkreis, der sich finanziell keine Sorgen zu machen brauchte. Auch ohne einer bezahlten Tätigkeit nachzugehen, verfügte sie als Privatin über ausreichende Mittel, um den Lebensunterhalt zu bestreiten. Anna Walz engagierte sich in ihren jungen Jahren in der freiwilligen Fürsorge und später in der Politik. Dort durchlief sie erstaunliche Wendungen und war Mitglied in ganz verschiedenen Parteien, von demokratisch bis rechts-national.

Anna Walz wurde am 11. Januar 1863 in Darmstadt geboren. Anlässlich ihres 90. Geburtstags, den sie nicht mehr erlebte, erschien in der Zeitung *Die Darmstädterin* in der 3. Ausgabe von 1953, ein Artikel unter dem Titel „Zum 90. Geburtstag von Anna Walz" in der Rubrik „Aus Darmstadts Frauenarbeit". Möglicherweise hat ihn Margarete Dierks verfasst, der oder die nicht genannte Autorin des Artikels hatte jedenfalls genauere Kenntnis über Annas Lebensumstände. Besonders die Anfänge in der Weimarer Republik werden dort ausführlich beschrieben, ihre Zeit während des zweiten Weltkriegs bleibt aber komplett ausgespart. Erst nach dem Krieg setzt der Bericht wieder ein – Anna Walz starb 1948 in Nieder-Ramstadt nach kurzer Erkrankung.

Gut gestellt, gebildet und gutbürgerlich

Anna wuchs in einem „frohen Familienkreise“ in gut bürgerlichen Verhältnissen in Darmstadt auf, ihr Vater betrieb eine gutgehende Weinhandlung in der Karlsstraße. Als er starb war sie unverheiratet und sie blieb ohne Ehemann. Gemeinsam mit ihrer älteren Schwester Philippine lebte sie im Haushalt der Mutter, den die drei Frauen gemeinsam führten.

In der Familie Walz gab es außer Philippine und Anna eine weitere Schwester. Alle drei Mädchen erhielten eine ordentliche Schulbildung im Hofmannschen Institut, einer 1832 von Jeanette Hofmann (1803–1873) gegründeten privaten Mädchenschule in Darmstadt mit christlicher Prägung. Im 19. Jahrhundert entwickelte sich die höhere Bildungsanstalt mit bis zu 300 Schülerinnen zum beliebtesten Institut für Mädchen, die Familie Walz konnte es sich leisten.

Auch im Dienste der Frauen unterwegs

Laut Jubiläumsartikel hatte Anna eine „frische zupackende Art“, sie wollte etwas bewirken. Sie hatte eine praktische und soziale Ader und war entschlossen, ihrem Leben einen befriedigenden Inhalt zu geben und etwas für das Allgemeinwohl zu tun. Als Frau auf das Gebiet der sozialen Fürsorge verwiesen, „diente“ sie hier in „treuer Pflichterfüllung“ über viele Jahre und besuchte die Armen und Bedrängten in ihren Wohnstätten. Deren prekäre Lebensverhältnisse trug sie immer wieder dem zuständigen Bezirkspfleger vor, wenn die Not jedoch sehr groß war und die Wege über die offiziellen Instanzen für schnelle Hilfe zu lange dauerten, half sie selbst nach, auch aus eigenen Mitteln. In besonderem Maße kümmerte sie sich um die „gefallenen Mädchen“, suchte Arbeit für sie und geeignete Unterkünfte.

1894 gründete Anna Walz mit einigen Mitstreiterinnen den Damenturnverein und war damit Vorreiterin in Darmstadt. Bis dahin waren Turnvereine, die um 1900 zahlreiche entstanden, ausschließlich Männern vorbehalten, da sie eng verknüpft waren mit der körperlichen Ertüchtigung von Soldaten. Der Damen-Unterricht von Turnlehrerin Käthe Müller fand für Hausfrauen und Berufstätige zweimal in der Woche statt, Treffpunkt war die ehemalige Viktoriaschule (Grafenstraße, Ecke Elisabethenstraße). Anna Walz leitete den Turnverein und erweiterte das Angebot bald um eine Kinder- und eine Schülerinnen-Abteilung, im Sommer ging es raus ins Freien auf den Tennisplatz an der Klappacherstraße oder zum Wandern in den Odenwald. Bei der jährlichen Weihnachtsfeier kümmerte sich die Vorsitzende um kleine Geschenke für Kinder aus ärmeren Familien, an Fasching tanzten die Frauen gemeinsam im Kaisersaal. Auch für das Frauenwahlrecht machte sich Anna Walz von Anfang an in der Gemeindeverwaltung und in den Parteien stark. Sie war nicht nur Gründungsmitglied der Ortsgruppe des Allgemeinen Deutschen Frauenvereins am 4. Dezember 1903, sondern auch Gründerin und Vorsitzende des Frauenstimmrechtsvereins in Darmstadt im Jahr 1907. Bei der Generalversammlung des Vereins war sie es, die das Grußwort sprach und auch 1912 wurde sie als Vorsitzende in Darmstadt bestätigt.

Mit Ausbruch des Ersten Weltkriegs veränderte sich der Aktionsrahmen von Anna Walz. Weiterhin bemühte sie sich um Familien, die in existentielle Not gerieten, um die Frauen und Kinder von Kriegsteilnehmern und Soldaten; später um Familien von Kriegsversehrten oder um die Hinterbliebenen gefallener Soldaten. Für Menschen in Geldnot richtete sie eine Verkaufsstelle für verbilligte Lebensmittel ein. Nach dem Krieg nahm sie sich der Kleinrentner an, die durch die Inflation ihre Lebensgrundlage verloren hatten und war in diesen Krisenzeiten Mitbegründerin des Kleinrentnerbundes.

Im Stadtparlament für die Nationalsozialisten

An dieser Stelle endet im Artikel der Zeitung „Die Darmstädterin“ die ausführliche Beschreibung. Erwähnt wird noch kurz, dass sich Anna Walz nach dem ersten Weltkrieg

im Stadtparlament betätigte mit dem Schwerpunkt Soziales. Dass sie in verschiedenen Parteien tätig wurde, bis hin zur NSDAP, findet keine Erwähnung.
1919 schloss sich die junge Anna Walz der DDP (Deutsche Demokratische Partei) an und wurde sogar als Kandidatin für die Nationalversammlung auf die Hessische Landesliste gesetzt, wo sie auf Platz 4 rangierte. Da die DDP jedoch nur drei Mandate erhielt, kam sie nicht in das Weimarer Parlament. Aufgrund ihrer Kandidatur für die Landesliste, trat sie nicht zusätzlich für die Stadtverordnetenversammlung an, auch bei der folgenden Wahl 1922 steht sie auf keiner der Darmstädter Listen. Erst 1925 taucht sie dort wieder auf, und zwar als Kandidatin der NSDAP, sie bleibt jedoch wieder erfolglos. Vier Jahre später, bei den Wahlen am 17. November 1929, steht sie auf Platz 1 der Wahlliste der Volksrechtspartei (VRP) – die Reichspartei für Volksrecht und Aufwertung, endlich erhält sie das Mandat und bleibt bis 1933 im Stadtparlament.

Anna Walz hat sich offensichtlich früh für die rechtsnationalistischen Parteien begeistert. In Darmstadt machte die NSDAP verstärkt mobil, die SA mischte erste Demonstrationen und Versammlungen auf. In die Stadtverordnetenversammlung schafften es die Nationalsozialisten 1925 aber noch nicht – von ihren insgesamt fünf Parteikandidaten wurde keiner gewählt. Als Anna Walz 1929 für die Volksrechtspartei kandidierte, zog die NSDAP schon mit zehn Prozent als drittstärkste Fraktion ins Stadtparlament.
Für Anna Walz war der Wechsel von der NSDAP in die Reichspartei für Volksrecht und Aufwertung, kurz Volksrechtspartei, folgerichtig: Es ist für sie die richtige politische Vereinigung zum richtigen Zeitpunkt. Denn die NSDAP stellte 1929 keine Frauen mehr auf; so findet Anna Walz mit ihrem sozialen Engagement in der VRP einen neuen Wirkungskreis, die sich explizit für Kleinrentner in den wirtschaftlich schlechten Zeiten stark machte. Die Volksrechtspartei wurde 1926 gegründet und existierte bis zur

Gleichschaltung 1933. Bei der Landtagswahl in Hessen im November 1927 erhält diese konservativ ausgerichtete reine Interessenspartei immerhin fünf Prozent.

Die NSDAP unterstützte Anna Walz parallel, auch stellte sie sich öffentlich im Stadtparlament auf deren Seite. Damit positionierte sie sich wie viele der Wählerinnen und Wähler der VRP und wandte sich deutlich der schnell erstarkenden NSDAP zu, die 1931 bereits 37 Prozent erhielten, bei der Reichstagswahl im März 1933 in Darmstadt 50 Prozent.

Nach dem zweiten Weltkrieg

Wo und wie sich Anna Walz während der Nazizeit in Darmstadt engagierte, bleibt im bereits genannten Artikel zum 90. von Anna Walz unerwähnt. Nachzulesen ist aber ihr Schicksal infolge der Bombardierung Darmstadts 1944: „Auch ihr blieb es nicht erspart im zweiten großen Kriege als Totalausgebombte die Heimat verlassen zu müssen". Da war Anna Walz 81 Jahre alt. Sie kam zunächst bei Michelstadt im Odenwald unter, dann erhielt sie einen Platz im Pflegeheim der Inneren Mission in Nieder-Ramstadt. Und wieder wird in *Die Darmstädterin* „stets ihre große Hilfsbereitschaft gerühmt", auch in hohem Alter pflegte sie offenbar Kontakte und unterstützte ihre Mitbewohnerinnen und Mitbewohner wo sie konnte. Nach kurzer Krankheit starb Anna Walz am 7. Mai 1948.

Quellen:

Die Darmstädterin, Ausgabe 3, 1953
Stadtlexikon Darmstadt

Marie Becker (1888–?)

Stadtverordnete der SPD: 1928–1929 (nachgerückt)

Die Angestellte Marie Becker war Stadtverordnete der SPD, sie rückte 1928 nach (bei der Kommunalwahl im Jahre 1925 hatte sie den SPD-Listenplatz Nr. 23) und blieb im Stadtparlament bis zur Wahl 1929, danach war sie nicht mehr auf der Kandidatenliste der Sozialdemokraten verzeichnet. In der kurzen Zeit ihrer parlamentarischen Tätigkeit wurde Marie Becker zur Fraktionsvorsitzenden der SPD gewählt (*Hessischer Volksfreund* v. 14.3.1929). Laut Darmstädter Adressbuch wohnte sie 1929 in der Luisenstraße 32. Im Adressbuch 1942 ist sie nicht mehr aufgeführt.

Ob sie identisch ist mit der Kommunalpolitikerin Marie Becker, die in der Nachkriegszeit von 1946 bis 1952 Stadtverordnete der CDU war, ist ungewiss (in: Elke Schüller: Neue, andere Menschen, andere Frauen – Kommunalpolitikerinnen in Hessen 1945–1956. Frankfurt/M. 1995, S. 17).

Emma von Biegeleben (1849?–1940)

Stadtverordnete Zentrum: 1920–1922 (nachgerückt)

„Für den Stadtverordneten Ch. Wesp (Zentrum) ist die Stiftdame Freiin v. Biegeleben in die Stadtverordnetenversammlung nachgerückt.“ (*Darmstädter Zeitung* v. 7.6.1920). Emma von Biegeleben war Stadtverordnete der Zentrumspartei, sie behielt ihr Mandat bis zur Wahl des zweiten Stadtparlaments im Jahr 1922. Möglicherweise hat sie im Januar 1920 bei einer gut besuchten Veranstaltung der Darmstädter Ortsgruppe des Katholischen Frauenbunds unter der Leitung der „Volkskammerabgeordneten“ Else Hattemer (Zentrumspartei) über die Berufswahl „unserer Töchter“ teilgenommen, eine Veranstaltung, über die das *Darmstädter Tagblatt* ausführlich berichtete. Nach 1922 war sie auf keiner weiteren Liste mehr zu finden. Die Zentrumspartei blieb in den nachfolgenden Stadtverordnetenversammlungen ohne weibliche Vertretung, da sie bei den Kommunalwahlen nur drei Mandate errang und die ersten drei Listenplätzen von männlichen Kandidaten besetzt waren.

Obwohl die Materialien über die Angehörigen der Familie Biegeleben im Hessischen Staatsarchiv umfangreich sind, gibt es in den Akten nur wenige Spuren über die Stiftsdame Emma von Biegeleben. Laut Melderegister wohnte sie 1918 auf dem Wilhelminenplatz 13 in unmittelbarer Nachbarschaft zur katholischen Kirche St. Ludwig. Im Adressbuch der Stadt Darmstadt für das Jahr 1929 wird sie zusammen mit Therese von Biegeleben (1854–1945, möglicherweise ihre Schwägerin) unter dieser Adresse geführt. Thereses Tochter, Elisabeth (1887–?) war die erste Vorsitzende des Zweigvereins des Katholischen Frauenbundes, der 1903 in Darmstadt gegründet wurde.

Minna Brückner (1865–1933)

Stadtverordnete der DVP: 1919–1933

Minna Brückner, die Witwe des Sanitätsrats Dr. med. Artur Brückner (Augenarzt, verstorben 1916), war durchgängig in der Zeit der Weimarer Republik in der Stadtverordnetenversammlung vertreten, also von 1919 bis 1933 als Mitglied der Deutschen Volkspartei (DVP).

Sie engagierte sich zudem als zweite Vorsitzende der Ortsgruppe des Deutschen Evangelischen Frauenbundes (DEF), der in der Waldstraße 21 (heute Adelungstraße) dank Spenden von Darmstädter Firmen und Geschäften das sogenannte „Abendheim" für alleinstehende Mädchen und Frauen eröffnete (*Darmstädter Tagblatt* v. 30.1.1913). Sie war tätig in der Blindenfürsorge und in der Altenpflege, vermutlich als Leiterin der städtischen Altenheime. 1929 wird sie in einem Artikel über die Frauengruppe der DVP gemeinsam mit Elisabeth Pfnor erwähnt (*Hessischer Beobachter* v. 29.11.1929). Die beiden Frauen hätten „vorzüglich" über ihre Arbeit in Ausschüssen wie Schulausschuss und Unterstützungsausschuss berichtet und somit davon überzeugt, dass Frauen „zu einer starken Notwendigkeit geworden sind". Über ihre konkrete Arbeit im Stadtparlament ist wenig bekannt, in der 3. Legislaturperiode (1925–1929) war sie Mitglied in den Ausschüssen für Kleinkinderschulen und Land- und Forstwirtschaft. Sie war bis zu ihrem Tod in der Frankfurter Straße Nr. 39 gemeldet. Anlässlich des Todes von **Minna Brückner** steht am 29.10.1933 ein Nachruf im *Darmstädter Tagblatt*. Gelobt wird ihre selbstlose Art im Dienste der Allgemeinheit, ihr Humor und ihre Fröhlichkeit wie ihre „tiefinnerliche, schlichte Frömmigkeit", dazu ein „klarer Verstand", der ihr „feines Frauentum" ergänzte. Sie wurde auf dem Waldfriedhof begraben.

Anna Diehl (1863–?)
Stadtverordnete der DVP: 1922–1925

Anna Diehl war Stadtverordnete der DVP von 1922 bis 1925. Sie arbeitete als Pflegerin im Alice-Frauenverein für Krankenpflege in Mainz, der als Verein die geringen Gehälter seiner Krankenpflegerinnen mit Ausbildung finanzierte, am 6. September 1902 wird ihr das Dienstauszeichnungskreuz in Silber für Krankenpflege verliehen.

Karoline Friedrich
Stadtverordnete der DVP: 11/1924–1925 (nachgerückt)

Über Karoline Friedrich, Heimarbeiterin, ist nur bekannt, dass sie für die DVP im November 1924 in die Stadtverordnetenversammlung nachrückte und dort bis zu 1925 blieb. Sie kam zur Neuwahl 1925 zwar noch einmal auf die Liste der DVP, jedoch nur auf den wenig aussichtsreichen Platz 22. Zur Wahl 1929 trat sie nicht mehr an.

Luise Gebhardt (1899–1944)

Stadtverordnete der SPD: 1929–1933

Die Genossenschaftsangestellte Luise Gebhardt kandidierte 1929 zum ersten Mal für die Stadtverordnetenversammlung. Sie trat an für die SPD und war die gesamte vierte Periode von 1929 bis 1933 im Stadtrat vertreten. Dann erging es ihr während des zweiten Weltkriegs ähnlich wie **Elisabeth Kern**. Wie ihre SPD-Genossin wurde sie nach dem Staufenberg-Attentat auf Hitler am 20. Juli 1944 im Zuge der darauffolgenden Verhaftungswelle inhaftiert, kam jedoch am 25. August mit anderen wieder frei und starb, wie **Elisabeth Kern**, in der Brandnacht am 11. September 1944 zusammen mit ihrer Mutter, vermutlich in ihrem Haus in der Jahnstr. 115 in Darmstadt.

Luise Gebhardt war Tochter des Holzbildhauers Martin Gebhardt und von Luise Weber, die aus Zürich stammte. Luise Gebhardt hatte einen älteren Bruder und eine jüngere Schwester, die alle in Darmstadt geboren wurden.

Auguste Glenz (1874–nach 1942)

Stadtverordnete der DDP: 1929–1933

Auguste Glenz war von Beruf Lehrerin. Sie kandidierte bei allen vier Darmstädter Kommunalwahlen für die DDP. Trotz vorderen Listenplätzen verfehlte Glenz jedoch ihre Mandate bei den ersten drei Wahlen. Die Deutsche Demokratische Partei konnte ihren Wahlerfolg von 1919 nicht mehr wiederholen und ihre Partei-Kollegin Balser war diejenige, die in den Stadtrat einzog. Als Karoline Balser 1928 starb, wurde Auguste Glenz bei der Kommunalwahl im November 1929 als dritte Kandidatin ihrer Partei gewählt. Die in Erbach im Odenwald geborene Auguste Glenz lebte von 1891 bis 1893 in Darmstadt und dann wieder ab 1910. In den Adressbüchern (1925–1942) wird ihre Adresse mit Soderstrasse 100 angegeben.

Antonia Krasinski (1881–1953)
Stadtverordnete der DVP: 1922–1925

Antonia Krasinki kam aus ihrer Geburtsstadt Kiel 1915 nach Darmstadt. Sie wohnte 1922 im Martinsviertel, in der Wenckstrasse 47. Sie war Buchhalterin und Vorsitzende des Verbandes weiblicher Angestellter in Darmstadt (*Darmstädter Tagblatt* v. 24.7.1919) und Stadtverordnete der DVP von 1922 bis 1925.

In der Stadtverordnetenversammlung im Mai 1923 beklagte sie die Wucherpreise für möblierte Zimmer, die „in der letzten Zeit außerordentlich in die Höhe geschraubt werden" (*Hessischer Volksfreund*). Sie war Mitglied der Ausschüsse für Sozialpolitik und Verkehr. Antonia Krasinski ist vermutlich die einzige Stadtverordnete der Weimarer Zeit, die ihre politische Tätigkeit nach dem Krieg fortsetzte: Zwischen 1946 und 1948 war sie erneut in der Darmstädter Stadtverordnetenversammlung, diesmal als Vertreterin der SPD. (Vgl. Elke Schüler: Neue, andere Menschen, andere Frauen?: Kommunalpolitikerinnen in Hessen 1945–1956: Ein biografisches Handbuch. Königstein 1996).

Elise Lack (1860-1936/37)

Stadtverordnete der SPD: 1919–1922

Elise Lack wurde als Tochter von August Leißler in Darmstadt geboren. 1880 heiratete sie Wilhelm Lack, der 1911 verstarb, so ist den Daten ihrer Zugehörigkeit zur Stadtverordnetenversammlung von 1919 bis 1922 der Zusatz „Witwe" beigefügt. Sie nahm wohl lebhaft an den Debatten teil, bekannt ist, dass sie sich gegen die Schließung des Hallenbades einsetzte, da die meisten Arbeiterwohnungen kein Badezimmer hatten (Stadtverordnetenversammlung am 1. August 1919). Elisa Lack kritisierte auch wiederholt die hohen Preise für Grundnahrungsmittel, die vor allem die Arbeiterfamilien schwer belasteten und forderte die Politik zur Kontrolle der Händler und deren Wucherpreise für Obst und Fleisch auf. Auch setzte sie sich für den überparteilichen Verein Kriegsfürsorge ein.

Im Juni 1920 wurde sie zusammen mit Anna Walz (Vorsitzende der Darmstädter Frauenvereine), mit Tilla de Weerth vom Hausfrauenbund und Else Bierau, Mitglied des Landtages, von Oberbürgermeister Glässing in die Verbraucherkommission gegen Teuerung von Lebensmitteln und Verbrauchsgütern berufen. (*Hessischer Volksfreund* v. 6.7.1920). In dieser Zeit wurde in Darmstadt auch über die Einrichtung eines Justus von Liebig-Museums in der Altstadt debattiert. Elise Lack machte angesichts dieser Überlegungen auf das Wohnungselend in der Altstadt aufmerksam, trat aber dennoch für die Einrichtung eines Museums in Liebigs Geburtshaus ein. 1921 heiratete sie erneut, ihr Ehemann Wilhelm Emrich verstarb jedoch bereits ein Jahr später. An den Kommunalwahlen nach 1922 kandidierte Elise Emrich-Lack für die Stadtverordnetenversammlung nicht mehr. Sie führte eine Tabak- und Zigarrenhandlung in der Großen Ochsengasse 18.

Antonie Naumann (1874–1939)
Stadtverordnete der DNVP: 1922–1925

Antonie Naumann war Oberreallehrerin und Gründungsmitglied der Ortsgruppe des Allgemeinen Deutschen Frauenvereins. Die Lehrerin gehörte der Stadtverordnetenversammlung von 1922 bis 1925 als DNVP-Parteimitglied an und war dort im Schulausschuss tätig. In der Stadtverordnetenversammlung vertrat sie die Programmatik der deutschnationalen Volkspartei, die im November 1918 aus dem Zusammenschluss mehrerer konservativer und nationalliberaler Parteien entstanden ist. Ursprünglich gegen das Frauenstimmrecht eingestellt, schwenkte die Partei um, als sie erkannte, wie wichtig die Stimmen der Frauen bei den Wahlen sind.

Bei der Debatte über die Umbenennung des Liebfrauenplatzes in Friedrich-Ebert-Platz, stand Antonie Naumann an der Seite der Nationalisten und Kommunisten, die gemeinsam den gerade erst verstorbenen ersten demokratisch gewählten Reichspräsidenten als Namensgeber ablehnten. (Stadtverordnetenversammlung am 3.9.1925). Weitere Redebeiträge sind von ihr nicht bekannt.

Bei den Kommunalwahlen nach 1925 hat sie nicht mehr kandidiert.

Emma Nick (1869–1944)
Stadtverordnete der DNVP: 1925–1929

Emma Nick, geb. Bausch, war Oberrealschul-Lehrerin an der Eleonorenschule und blieb dort tätig bis zu ihrer Pensionierung am 17. März 1932, außerdem war sie Vorsitzende des Darmstädter Lehrerinnen-Vereins und war Mitglied in mehreren Ausschüssen (Kleinkinderschulen, Höhere Schulen). Sie kam 1925 für die DNVP in den Stadtrat, wo sie die gesamte Wahlperiode über bis 1929 vertreten war. Bei der letzen demokratischen Kommunalwahl am 17.11.1929 erhielt sie kein Mandat. Auch sie hat die Ortsgruppe des Allgemeinen Deutschen Frauenvereins mit gegründet.

Emma Nick starb in der Brandnacht am 11./12. September 1944 in ihrer Wohnung in der Martinstrasse.

Eleonore Pfnor (1864–nach 1945)

Stadtverordnete der DVP: 1922–1933

Eleonore Pfnor war von 1900 bis 1924 Lehrerin an der Volksschule zu Darmstadt und wie viele weitere Stadtverordnete Gründungsmitglied der Ortsgruppe des Allgemeinen Deutschen Frauenvereins und dort langjährige Schriftführerin unter dem Vorsitz von Karoline Balser. Außerdem war sie Vorsitzende des Hessischen Lehrerinnenvereins und organisierte Tagungen mit prominenten Gästen. Stadtverordnete war sie von 1922 bis 1933 und hatte innerhalb ihrer Partei, der DVP, den Vorsitz der Frauengruppe inne (*Hessischer Beobachter* 1927–33). Eleonore Pfnor war aktives Mitglied in ihrer Partei: Als Vorsitzende der Frauengruppe leitete sie zahlreiche Frauenversammlungen (*Hessischer Beobachter* 1927–33). Sie hielt vermutlich selbst zahlreiche Vorträge, im April 1920 sprach sie bei der Tagung des Landes-Frauenausschusses in Darmstadt über die „Pflichtfortbildungsschule“. An der Frauenmitgliederversammlung ihrer Partei vor der Landtagswahl am 4.11.1927 plädierte sie zusammen mit der Landtagsabgeordneten Else Bierau für ein besseres Mieterschutzgesetz.
Eleonore Pfnor stammte aus einer Lehrerfamilie: Ihr Vater Ludwig (†1909) war Lehrer an der höheren Mädchenschule und in den 1880er-Jahren auch evangelischer Stadtpfarrer in Darmstadt. Ihre Mutter Antonie, geb. Mitzenius, starb 1907 (Meldekartei). Ihr Wohnsitz ist in den Adressbüchern von 1922 bis 1931 mit Hügelstraße 9 angegeben. Am 27. Februar 1945 zog sie ins Altersheim nach Wolfsgarten/Langen, wo sie vermutlich auch starb.

Luise Schweisgut (1861–1930)
Stadtverordnete der DVP: 1919–1922

Auch Luise Schweisgut war Gründungsmitglied der Ortsgruppe des Allgemeinen Deutschen Frauenvereins, war Lehrerin und Vorstandsmitglied des Pädagogischen Vereins der Lehrerinnen und Erzieherinnen in Hessen und darüber hinaus des Darmstädter Lehrerinnenvereins ab 1910. Nach der Einführung des Frauenwahlrechts war sie Stellvertreterin von Anna Rauck (SPD) in der Landeswahlkommission am 3. Dezember 1918. Luise Schweisgut kandidierte 1919 sowohl als Stadtverordnete für die DVP als auch für die Wahl der Nationalversammlung im Januar 1919.

Nach 1922 ist ihr Name auf keiner weiteren Liste zu finden. Zusammen mit Karoline Balser, Eleonore Pfnor und Anna Walz gehörte sie zu den bekanntesten Frauenpolitikerinnen in Darmstadt. In der Zeitschrift des Allgemeinen Deutschen Lehrerinnenvereins *Die Lehrerin* veröffentlichte sie 1913/14 mehrere Artikel über die Ausbildung von Volkschullehrerinnen. Sie wohnte bis zu ihrem Tod in der Steinackerstraße 17.

Anlage 1

Kandidatinnen für die Kommunalwahlen in Darmstadt 1919–1933[57]

Kommunalwahl am 15. Juni 1919

Stadtverordnetenversammlung: 60 Plätze, davon 6 Frauen (Anzahl aller Listenplätze in Klammern, gewählte kursiv. Davon Frauen namentlich genannt, gewählte Frauen fett gedruckt)

DVP (34) *17*

1. **Luise Schweisgut**, Lehrerin
12. **Minna Brückner, geb. Henneberg**, Ww. des Sanitätsrats
21. Elisabeth Wittenbecher, Postbeamtin
25. Karoline Friedrich, Heimarbeiterin
29. Tilla de Weerth, Vors. des Hausfrauenvereins

SPD (58) *16*

5. **Elise Lack, Wtw., geb. Leißler**, Privatin
14. **Elisabeth Kern, geb. Bangert**, Hausfrau
26. Helene Müller, geb. Stein, Hausfrau
34. Therese Nover, geb. Weinrauch, Hausfrau
43. Klara Bächmann, geb. Selinger, Hausfrau
54. Marie Geib, Lagerhalterin

57 Überarbeitete Fassung der von Eva Mahler im Stadtarchiv Darmstadt zusammengestellten Listen

DDP (36) ***11***

2. **Karoline Balser, geb. Schmierer**, Mtgl. der Hessischen Volkskammer
16. Auguste Glenz, Lehrerin
24. Luise Weidner, geb. Nicolai
29. Lise Ramspeck, geb. Poppe, Schriftstellerin
31. Wilhelmine Sommer, Telegraphengehilfin

USPD (25) ***5***

6. Margarete Nagel, geb. Heckhaus, Kriegerwitwe
24. Margarete Storck, geb.Stoft, Hausfrau

Zentrum (30) ***4***

5. Margarete Kinsberger, Postbeamtin
6. **Emma von Biegeleben, Stiftsdame** (6/1920 nachgerückt)
9. Magdalene Keßler, geb. Bodenröder
13. Scholastika Pütz, Kaufm. Angestellte
17. Julie Kreiter, Lehrerin
21. Aloyse Küchle, geb. Pleines
25. Josefine Diek, geb. Hartmann (7.6.1919: Dieß)
28. Gertrude Wolf, geb. Gerlach

Handwerker- und Gewerbevereinigung (33) ***4***

14. Anna Schuchmann, Schneidermeisterin

Hessische Volkspartei, Landesverband der Deutschnationalen Volkspartei (22) ***3***

4. Morell, Schulvorsteherin
21. Luise Witterstädter, Hausfrau

Kommunalwahl am 19. November 1922

Stadtverordnetenversammlung: 60 Plätze, davon 8 Frauen (Anzahl aller Listenplätze in Klammern, gewählte kursiv. Davon Frauen namentlich genannt, gewählte Frauen fett gedruckt)

DVP (31) ***22***

6. **Minna Brückner, geb. Henneberg**, Ww. des Sanitätsrats
9. **Eleonore Pfnor**, Lehrerin
13. **Antonia Krasinski**, Buchhalterin
22. **Anna Diehl**, Privatin
25. **Karoline Friedrich**, Heimarbeiterin (11/1924 nachgerückt)
30. Luise Pfaff, Rentnerin

SPD (60) ***20***

5. **Elisabeth Kern, geb. Bangert**, Stadtverordnete
31. Sofie Eberle, Hausfrau
36. Sofie Meister, Hausfrau
40. Klara Bächmann, geb. Selinger, Hausfrau

DDP (30) ***5***

2. **Karoline Balser, geb. Schmierer**, Mtgl. der Hessischen Volkskammer
11. Luise Scheidt, geb. Hoerler
15. Elsa Karg, Telegraphensekretär ?
19. Auguste Glenz, Lehrerin
27. Lise Ramspeck Witw., geb. Poppe, Schriftstellerin

DN (Hessische) VP (23) ***4***

3. **Antonie Naumann**, Lehrerin
13. Emma Nick-Bausch, Lehrerin
16. Hannah von Olberg, geb. von Oidtmann,
18. Else Reinhardt, geb. Goerz,
20. Guste Meisel, Rentnerin

KPD (20) ***3***

12. Lina Hofmann, geb. Mayer, Kriegerwitwe
18. Elisabeth Wassum, geb. Trautmann, Hausfrau

Ortsgewerbeverein und Handwerkervereinigung (29) ***3***

Zentrum (24) ***3***

4. Anna Deutsch, geb. Blümlein, Hausfrau
10. Magdalene Keßler, geb. Bodenröder, Hausfrau
15. Katharine Mergler, geb. Dang, Hausfrau
20. Aloyse Küchle, geb. Pleines, Hausfrau

Mittelstand (8) ***0***

Kommunalwahl am 15. November 1925

Stadtverordnetenversammlung: 48 Plätze, davon 6 Frauen (Anzahl aller Listenplätze in Klammern, gewählte kursiv. Davon Frauen namentlich genannt, gewählte Frauen fett gedruckt)

SPD (48) ***20***

4. **Elisabeth Kern, geb. Bangert**, Stadtverordnete
23. **Marie Becker**, Angestellte (1928 nachgerückt)
30. Sofie Eberle, Hausfrau
43. Klara Bächmann, geb. Selinger Hausfrau

DVP (32) ***14***

3. **Minna Brückner, geb. Henneberg**, Ww. des Sanitätsrats
11. **Eleonore Pfnor**, Lehrerin i.R.
18. Anna Diehl, Privatin
22. Karoline Friedrich, Heimarbeiterin
26. Julie Boclo, Büroangestellte

DNVP (20) ***5***

5. **Emma Nick, geb. Bausch**, Lehrerin
10. Käthe Jäckel, geb. Ellermann
17. Bertha von Wienskowski, geb. von Wienskowski,
19. Else Reinhard, geb. Goerz, Hausfrau

DDP (16) ***3***

2. **Karoline Balser, geb. Schmierer**, Mtgl. der Hessischen Volkskammer
9. Auguste Glenz, Lehrerin
13. Ella Karg, Telegraphensekretärin
15. Luise Scheidt, geb. Hörler

Zentrum (15) ***3***

5. Frexde von Kunowski, geb. Hock
11. Henriette Glanzner, geb. Kraft
14. Maria Dries, Sekretärin

Ortsgewerbeverein und Handwerkervereinigung (20) ***2***

KPD (15) ***1***

Mieter-Vereinigung (18) ***0***

10. Helene Rehm, geb. Wettengel, Hausfrau

NSDAP (5) ***0***

2. Anna Walz, Privatin

Kommunalwahl am 17. November 1929

Stadtverordnetenversammlung: 48 Plätze, davon 6 Frauen (Anzahl aller Listenplätze in Klammern, gewählte kursiv. Davon Frauen namentlich genannt, gewählte Frauen fett gedruckt)

SPD (49) ***16***

3. **Elisabeth Kern, geborene Bangert**, Stadtverordnete
13. **Luise Gebhardt**, Genossenschafts-Angestellte
26. Dr. Paula Weppler, Diplomhandelslehrerin
39. Klara Bächmann, geb. Selinger, Hausfrau

DVP (29) ***10***

3. **Minna Brückner, geb. Henneberg**, Ww. des Sanitätsrats
10. **Eleonore Pfnor**, Lehrerin i.R.
19. Elisabeth Wittenbecher,Telegraphensekretärin
22. Bertha Pizzala, Kunstgewerblerin
24. Else Weiße, Hausfrau
26. Luise Pfaff, Rentnerin
28. Else Bär, ohne Beruf

Zentrum (23) ***3***

5. Eva Maria Keßler, geb. Schmitt
8. Freya von Kunowski, geb. Hock
10. Katharina Mergler, geb. Dang
14. Maria Dries, Sekretärin
17. Lina Simmer, Lehrerin
19. Elisabeth Trost, geb. Arnold
21. Aloyse Küchle, geb. Pleines

NSDAP (20) 5 (keine Kandidatin)

DNVP (20) ***3***

5. Emma Nick, geb. Bausch, Lehrerin
10. Rosa Alt, geb. Wolff
19. Gertrud Widmann, geb. Lindt

DDP (16) ***3***

3. **Auguste Glenz**, Lehrerin
10. Henriette Conrad, geb. Berger, Wohlfahrtspflegerin
13. Hedwig Jung, geb. Müller, Hausfrau

Gewerbe- und Handwerkervereinigung (32) ***3***

(keine Kandidatin)

Politische Arbeitsgemeinschaft (Datterich-Liste) (6) ***3***

(keine Kandidatin)

Volksrechtspartei - Reichspartei für Volksrecht und Aufwertung (10) ***1***

1. **Anna Walz**, Privatin
5. Lina Kaiser, geb. Dort, Hausfrau
7. Elisabeth Felgner, geb. Heckner, Arztwitwe

KPD (15) ***1***

6. Juliane Bartsch, geb. Fleißener, Hausfrau
9. Marie Volz, geb. Volz, Zeitungsträgerin

Freie Wahlvereinigung Darmstadt (9) ***0***

7. Albine Günther, Wwe., geb. Rakuschau

Anlage 2

Parteien in Darmstadt 1919–1933

DDP = Deutsche Demokratische Partei
Staatsbürgerliche Partei, setzt sich für den Schutz der Privatwirtschaft und den Handel ein, wendet sich gegen Monopolbildung. Will die Überarbeitung des Versailler Vertrages. Parteiorgan: *Hessische Demokratische Wochenschrift*, erscheint sonntags, keine Nummerierung.

DNVP = Deutschnationale (Hessische) Volkspartei
Will die Monarchie, Schutz des Privateigentums, Stärkung der Frauenrolle als Mutter und Hausfrau, die wirtschaftlich anerkannt werden soll, will Änderung des Versailler Vertrags.

DVP = Deutsche Volkspartei
Gehört dem konservativen Lager an, will das Kaisertum nach Volksbeschluss, ist für die traditionelle Rolle der Frau als Mutter und Hausfrau, unterstützt den Mittelstand, will die Einheit aller Deutscher und wendet sich gegen den „aufgezwungenen" Frieden. Parteiorgan: *Hessischer Beobachter.* Wochenschrift für nationale und liberale Politik für Wirtschaft und Kultur, Hrsg. von der DVP. Kleine Rubrik „Für die Frau".

KPD = Kommunistische Partei
Hervorgegangen aus der USPD = Unabhängige sozialdemokratische Partei (1919–1920). Will die Diktatur des Proletariats und die Räterepublik, will Enteignung und die Annullierung aller Kriegsschulden und Reparationen.

NSDAP = Nationalsozialistische Deutsche Arbeiterpartei
Seit 1925, will starke Zentralgewalt, Verstaatlichung, Vereinigung aller Deutschen, Kolonialismus, will Annullierung der Versailler Verträge. Rassenideologie, völkisch-national, später systematische Vernichtung der Juden, Sinti und Roma und aller Andersdenkenden.

SPD = Sozialdemokratische Partei
Vertritt die Interessen der Arbeiterklasse, will eine Einheitsrepublik und demokratische Strukturen. Parteiorgan: Der *Hessische Volksfreund*; Beilagen: Arbeiterjugend; ab 1923: Frauenbeilage; Sportbeilage. Wöchentlich ab 1923: Volk und Zeit.

VRP = Volksrechtspartei, Reichspartei für Volksrecht und Aufwertung
Wird 1929 gegründet, Interessenspartei, die besonders inflationsgeschädigte Kleinrentner vertritt.

Zentrum = Deutsche Zentrumspartei
Will eine starke Exekutive, möchte den Schutz der Privatwirtschaft und eine Kontrolle der Kartelle. Setzt sich ein für das Völkerrecht und will das Thema Kriegsschuld neu bearbeiten.

Zusätzlich gab es Gruppen wie die **Freie Wahlvereinigung Darmstadt** (ab 1929), die **Handwerker- und Gewerbevereinigung**, die **Mieter-Vereinigung** (ab 1925), **die Politische Arbeitsgemeinschaft / Datterich-Liste** (ab 1929)

Quellenverzeichnis

Archivmaterial:

Stadtarchiv Darmstadt, Hessisches Staatsarchiv Darmstadt, Universitäts- und Landesbibliothek Darmstadt.

Zeitungen und Zeitschriften:

Ariadne 40/2001, *Darmstädter Tagblatt* (1907–1933), *Darmstädter Zeitung* (1911–33), *Die Frau* (1920),*Hessischer Volkfreund* (1911-33), *Hessischer Beobachter* (1927–33), *Hessische Demokratische Wochenschrift* (1928), *Hessische Landeszeitung* (1914, 1918, 1929), *Neue Frankfurter Zeitung* (13.11.1869).

Literatur (Auswahl):

Begleitbuch zur Ausstellung „**Damenwahl! Hundert Jahre Frauenwahlrecht**“ [im Historischen Museum Frankfurt]. Hrsg. v. Dorothee Linnemann, Frankfurt am Main 2018/19.

Darmstadts Geschichte. Hrsg. v. Eckhart G. Franz, Darmstadt 1980.

Darmstadt Kalender – Daten zur Geschichte unserer Stadt. Hrsg. v. Eckhart G. Franz und Christina Wagner, Darmstadt 1994.

Das **Darmstädter Rathaus**. Hrsg. v. der Stadt Darmstadt nach dem Umbau 1925/27, Darmstadt 1927.

Dittmar, Louise: Das Wesen der Ehe. Nebst einigen Aufsätzen über die soziale Reform der Frauen. Leipzig 1849, S. 15. Digitalisat: http://www.mdz-nbn-resolving.de/urn/resolver.pl?urn=urn:nbn:de:bvb:12-bsb10985771-5.

Förster, Birte: Den Staat mitgestalten: Wege zur Partizipation von Frauen im Großherzogtum und Volksstaat Hessen 1904–1921. In: Frauenwahlrecht, Demokratisierung der Demokratie in Deutschland und Europa. Hrsg. v. Hedwig Richter und Kerstin Wolff, Hamburger Edition 2018, S. 221–248.

Gall, Louise von: Drei Wochen in Ungarn im Herbst 1841. In: *Morgenblatt für gebildete Leser*, Stuttgart 23.–27.8.1842.

Kunst und Leben im Darmstadt von heute mit einigen rückschauenden Betrachtungen unter Mitwirkung führender Persönlichkeiten aus allen Kreisen der Stadt. Hrsg. v. Bürgermeister Mueller, Darmstadt 1925, S. 62f.

Langer, Ingrid: Zwölf vergessene Frauen: Die weiblichen Abgeordneten im Parlament des Volksstaates Hessen, ihre politische Arbeit, ihr Alltag, ihr Leben. Frankfurt am Main 1989.

Müller, Adolf: Aus Darmstadts Vergangenheit. Darmstadt 1930/Neudruck 1979, S. 166/167.

Stadtlexikon Darmstadt. Hrsg. v. Historischen Verein für Hessen, Stuttgart 2006.

Abbildungen

Archiv der deutschen Frauenbewegung Kassel: S. 13, 21.
Archiv der sozialen Demokratie der Friedrich-Ebert-Stiftung: S. 6, 30.
Deutsches Historisches Museum Berlin: S. 27.
Historisches Museum Frankfurt: S. 17, 40.
Luise-Büchner-Bibliothek: Cover und Rückseite, S. 23, 25, 44, 51, 66.
Stadtarchiv Darmstadt: S. 15, 26, 29, 35, 43, 49, 50, 68, 76, 86.
Hessisches Staatsarchiv Darmstadt: S. 45, 60, 112.
Universitäts- und Landesbibliothek Darmstadt: S. 59.

Jeder tue seine Pflicht und übe sein Wahlrecht aus!

Deutsche! Schafft nach innen und außen Klarheit.

Männer und Frauen, geht am 19. Januar zur Wahlurne!

So wird gewählt.

Einwurf des Wahlzettels in geschlossenem Briefumschlag in die neue Wahlurne.